大物女優の付き人は、ほぼ
日々でした。

原作 僕田友
漫画 西つるみ

ぶんか社

Contents

1 初仕事はまさかの付き人!

僕の名前は 僕田《ぼくだ》 友《とも》
東北《とうほく》出身の21歳
まあまだ仕事ゼロで
いらっしゃいませ――!!
バイトバイトの日々だけど…
俳優志望の僕は養成所を出て
晴れて大手芸能プロダクション所属になれた!
大手芸能
どど――ん!!
そんなある日 チーフマネジャーに呼び出された
初仕事キター!!
大作映画デビュー!?
若手登龍門のヒーロー戦隊もの?
いや～モテちゃうな～♡
ここに座って
明日から付き人やってくれる?
――へ?

付き人…?
車の運転できるよね
バイトがドライバーだとか
はい…できます
左ハンドルもいける?
はい!大丈夫です!
ドシッ
本当は運転したことないけど
あ~~~よかった~
きっと「付き人の役」に必要なんだろうな
にこにこにこ
付き人ってどんな役なんですか?
スパイみたいなアクションありとか
え?
ちがうちがう
役じゃなくて
うちの看板女優が付き人ほしいっていってたね~
付き人ってどういう…?
??
仕事の中身はやりながら覚えればいいし
女優から直接給料も出るからね
ドラマの現場に一緒にいったら役がもらえることもあるよ
!!!
バーターですね!!
ガタッ
あ それはわかるんだね

あっ
もう時間だ！
ガタッ
じゃあ決まりね！
絶対勉強になるから
詳しくは本人から直接聞いて
これ店の場所と時間ね
明日ここにいってね
10分前にはいくんだよ
うちの看板女優そーゆーとこうるさいから！
じゃあヨロシク〜
バタン！
ポスターずら〜っと
看板女優って
どれ!?
大手事務所には有名女優が多い
オロ
オロ
翌日──
キョロ
キョロ…
15分前に到着したぞ
えーと指定された店は…
ロールキャベツ
ROSE
ロールキャベツ専門店!?
そんなのあるの!?
東京《とうきょう》スゲー…
絶対あの人だ…
ズモモモモ
……

※登場する芸能人の名前はすべて変えています

ほかほか
さ
食《く》え
ここのは
絶品だ
食え?!
いただき
ます!!
ガツッ
ガツッ
超有名女優と
ロールキャベツ…
すごすぎて
現実感がないな…
ぷはーーっ
ーーて
いうか
印象が
ちがいすぎる
タバコ?!
テレビで見せる
色気《いろけ》はどこへ…?
もく
もく
あ
そうだ
ひと月
10万だから
はい?
あんたの給料
先にいっとくけど
住宅手当とか
残業代はないから
は…
はい…
10月に
10万か…
少ないけど安定
した給料になるし
それに
バーター
できるし!
よろしく
お願いします!

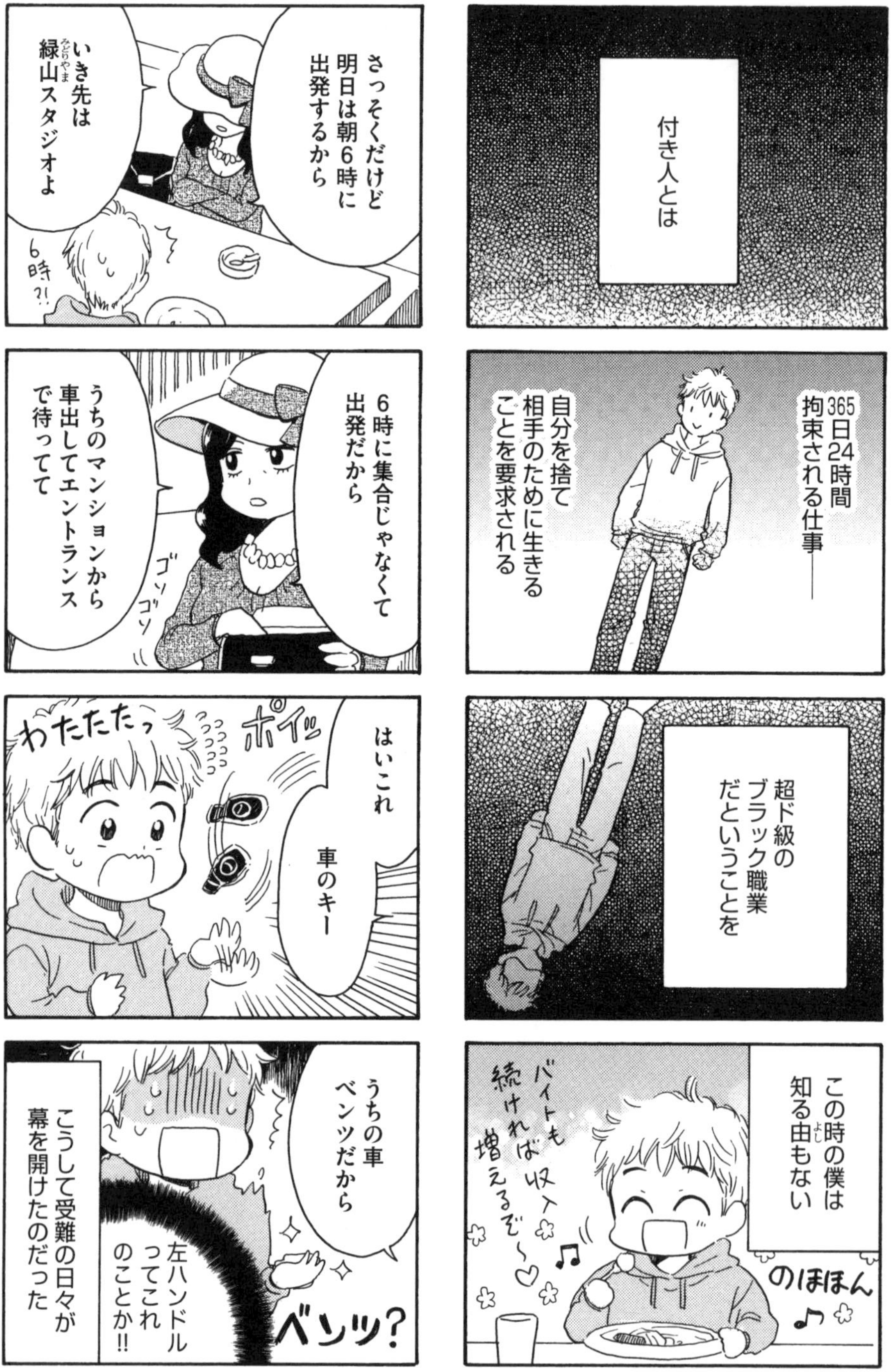

付き人とは
365日24時間
拘束される仕事――
自分を捨て
相手のために生きる
ことを要求される
超ド級の
ブラック職業
だということを
この時の僕は
知る由《よし》もない
バイトも
続ければ収入
増えるぞ～♡
のほほん
さっそくだけど
明日は朝6時に
出発するから
いき先は
緑山《みどりやま》スタジオよ
6時?!
6時に集合じゃなくて
出発だから
うちのマンションから
車出してエントランス
で待ってて
ゴソゴソ
はいこれ
車のキー
ポイッ
わたたたっ
うちの車
ベンツだから
ベンツ?
左ハンドル
ってこれ
のことか!!
こうして受難の日々が
幕を開けたのだった

2 送迎車も高級です!

人気女優・白鳥君子の付き人初日——
始発になんとか間に合った…!
ガタン
ゴトン
僕田 友(21)
恵比寿《えびす》——
うわぁ…金持ちそうなマンション
駐車場は…と…
キョロ
キョロ
出発30分前にこいとか
早いよな~
車出すだけなのに…
ねむぃ…
あった…!
これが白鳥さんの車——
クラシックのベンツ!!
かっ
かっちょええ~~~!!!

し
失礼しまーす…
ドキドキ
カチッ
ドルルルルルル
うわ～
エンジン音も独特でかっこいい!
アハハ
これ維持するのお金かかりそうだなぁ
ぶつけたらどーなるんだろ
ブーーーン
……!!
キキィッ
笑ってる場合じゃない!!
すれ
すれっ
フーッ
なんとか車出せたぞ
えーと…
白鳥さんの部屋番号押して…
ピンポーン!!
おはようございます!
僕田友です!!
……おはよ
声が不機嫌!!
ウィーーーン…
きて
入るの!?

おそる おそる…
おはようございます…
ズラッ…
これ全部積んで
全部!?
僕が東京に引っ越してきた時の荷物より多い
しかも高そうなブランドばっかり…
積み終わったらエンジンかけて車内冷やしておいて
はい!
ちょっと!
バッグていねいに扱ってよ!
すみません!!
次から同じこといわないからね!
ピュ
ツ
はいい!
ゼェ ゼェ
ほら出発するわよ
これは30分かかるわ…

あれ…?乗らないんですか?
乗るわよ
……
早くドア開けなさいよ!!
すみません!!
ダッ
ガチャッ
緑山スタジオの
場所わかるわよね?
すみませんどういけば…
!?
あんた調べてないの!?
カーナビあるだろうしなんとかなるかなと…
カーナビ?
つけてないわよ
クラシックカーにカーナビなんてかっこ悪いじゃない
何そのこだわり…

あんた スマホは？
お金なくて 中古のガラケー なんです
…つかえないわね
そこ右よ！
右!!
はっ
はい！
次のインターで 降りる！
はい！
次の信号で右！
はい！
ちがう！ あんたバカなの!?
イライライライラ
もう 帰りたい…
ズモモモモ
なんとか到着
現場マネジャー
あ!!
白鳥さん
おはようございます
遅いよ僕田くん 心配したよ〜
すみません…
今日は「はい」と「すみません」しかいってないなぁ…
マネジャー
くるっ
ゴゴゴ
こいつ 全然ダメ あとでしめ といて
すみません!!

不機嫌オーラがすごい…
スタスタ
この後も怒られるんだろうな
お!
白鳥さんおはよう
プロデューサー!
コロッ
おはようございます!
ウフフ
ハハハ
これが女優…!!
僕田くん
白鳥さん怒らせないでよ〜
わかんないことがあればまず僕に聞いてね
すみません
キミまでクビになったら困るからさ〜
?
前の人クビになったんですか?
そうなんだよ
性病になっちゃって
!!?
あっごめん
今の話忘れて!
どういうこと!?

3 クビの理由は「性病」って!?

ボーッ…
前の付き人は性病でクビになってね
っと
ちょっと!
弁当もらってきて
はい!
どこにいけばいいんだろう?
水買ってきてっていってるでしょ!!
すっ
すみません!!
※割本《わりぼん》もらってきて
はい!
ワリボンって何!?
早くしなさい!!
ダッ
はいい
すみませんっ!!!
わからないことだらけな上に
前の付き人は
性病になって
クビ
って言葉が気になってしょうがない!

※撮影当日のシーンのみ台本から抜粋し作ったもの

やっと現場入りだ
メーク長いなあ…
おはよーございまーす!!
よろしくお願いします
チョコ
チョコ
チョコ
チョコ
ちょっと!!
カメラの前まで付いてくるんじゃないわよ!
下がりなさい!!
ヒソヒソ
クスクス
すみません!!

では※ドライいきまーす
私が捜さなくても見える場所に立ってなさい

※カメラなしの始めから終わりまでのリハーサルのこと

見える場所…
ウロウロ
ドーンッ
あっすみません!
ウロウロ
ウロ…
ジャマです
じゃま!
ウロウロ
ジャマ!!
僕田くん…ちょっと奥いこうか
何やってるの…
トホホ…
マネジャ〜〜〜

あの マネジャー
僕の前任者って どうしてクビに なったんですか?
ちゃんと知っておかないと 僕この仕事できないです
うーん…
仕方ないなぁ…
前の付き人は
30歳の 売れない俳優で
ある日
白鳥さんは映画の ロケで札幌《さっぽろ》へ
主演は
コワモテの 大御所俳優
松永《まつなが》なおき
松永さんはクランクイン 前に必ずやることがあって
現場にいる 男全員を
すすき野《の》のソープ に連れていくこと
!?
しかも松永さんの おごりで
おごりで!?
すご!!

よし!
今晩いくぞ!!
うおー!!
よかったな～
これで筆おろし
できるな
はいっ
なんだおまえ
童貞《どうてい》か?
は…
はい
そうか!
じゃあサイコーの女
あてがわないとな
ちょっと!
はい!
こっちに
きなさい
ゴゴゴゴゴゴゴゴゴゴ
ビクッ
怒られる…?!
ほらこれ
ギョッ
ごっ
5万円!?
白鳥さん
これは…
自分の付き人の
筆おろし代を
松永さんに
出させるわけには
いかないでしょう
まったくなんで
あたしが…
ツカツカ
ブツブツ
白鳥さん…
ありがとう
ございます…!!
パアアァッ…
――その結果

その付き人は
フーゾクの虜《とりこ》になってしまった
お金が入ればソープに通う日々
しかし彼の給料でまともな店にいけるはずもなく
怪しげな店に通ってしまい
ほどなく性病にかかった
もちろん白鳥さんには
だまっていたんだけど…
病院いくので今日は休ませてください…
体調が悪いので病院いかせてください
……
あんた
どっか悪いの？
自白
カツカツ
カツカツ
即行クビ

白鳥さん激怒してね～
ピピピピ
大変だったよ
僕田くんもフーゾクには気をつけてよね
電話だ もしもしー
ぼうぜん…
——と
ちょっと!!
おい!! 何やってんのよ!!
はっ
はい!!
さっきから呼んでんのよ!
すみません…
まったく
おう 白鳥!
松永さんおはようございます!
本物きたー!!
さすが撮影所…
札幌ロケではお世話になりました
ペコッ
おお
ん? 新しいヤツか?
ええ… まあ…
おまえも童貞か?
え…?
ガクガク
にやにや
ええええ どーしよー!!!

4 「全部食べる」がルールです

大御所俳優の松永なおきから
おまえ童貞か?
——と聞かれた
うちのボウヤからかわないで～
やっと新しい子入ったんだから
!?
??
あっあの!僕——
うぐっ
やだもー松永さんてば
ドカッ
おう悪《わり》ィ悪ィ
ボウズまたな
ニヤッ
どっどうも……
ホッ
………
——で?あんたどうなの?
どっ
童貞です!!!

移動中
はーっ
白鳥さん
この後は食事会
兼打ち合わせです
こわかった…
ちらっ
バチッ
はーっ
とっとと
すませちゃいなさいよ
あんたも
ソープに
はまったら
ただじゃ
おかないわよ
オーラ
ウッ
ウッ
童貞に
対する圧が
ヒドイ…
高級中華
料理店――
じゃあ僕 車内で
待ってます
あんたも
きなさい
え…でも…
今日は
内々《うちうち》の席だから
いいわよ
は
はいっ
どーーーん!
事務所の
おえらいさんたち
チーフマネジャー
本当に
いいの!?
場ちがい!!
ボロ…
パーカー1480円

すごい!!
豪華だ〜!!
ズラッ
何やってんのよ 早く取りわけなさい
ガタッ
はい!!
スッ…
これは飾り!!
食べないの!!
えっ
次から次に料理がくる
せっせっ
ヒェー
全然食べるヒマがない
どうぞ!
あんたも食べないと一生食べられないわよ
い
いただきます!!
小籠包《しょうろんぽう》
パクッ
ジュワッ
プシャッ
……!!
熱!!!
チューッ
小籠包は中のスープすすって冷ますのよ
食べたことないの?

よしデザートまできたぞ
ワイ
ワイ
これでやっと僕もいろいろ食べられる
パクッ
モググ
パク
パク
おっ
おいし~!!!
ガツ
ガツ
白鳥さん
台本読んでくれました?
あの依頼受けていいですよね?
……
白鳥 おまえにとってもいい機会だぞ
あれが?なんで?
やりがいあるヒール役だ おまえだって朝ドラのお嬢様イメージ壊したいだろ?
……
共演者がヤダ
あたしより上の番手であの女が出るんでしょ?
スポンサーの要望で…
芝居《しばい》は棒なのに?
……
静かに食べよう…

同じ事務所なんだし仲良くしてくれよ
あたしは仲良くしたいわよ向こうが礼儀を欠くの
白鳥さんも台本はおもしろかったんですよね？
まあね
監督も一度は一緒にやってみたいっていってましたよね？
まあね
だったらもったいないですよ！
白鳥さんの芝居で若手なんて圧倒してくださいよ!!
……
フーッ
もうお腹《なか》いっぱい
ごちそうさ——
カタン
ちょっと!!
メシは絶対残すな!!
ビクーッ!!
全部食べなさい!!
ヒイイイッ
食べます！
——で？ほかのキャストは？
うっうっモグモグ
もう圧倒されてる…
若手…

今決まってるのは…
安原健《やすはらけん》さん
坂上《さかがみ》あやねさん
三浦秋也《みうらしゅうや》くん
え？
三浦秋也くん出るの⁉
ガタタッ
は…はい…
あたし出るわ
コロッと
え…はい…
そのドラマ出ます♡
おお！そうか頼んだぞ白鳥！
ハッハッ ハッハッハ
いやー よかったよかった
ゲフーッ
やった！食べきった‼
食べた？
はい！
おいしかったです！
そう
今気分がいいから
追加で炒飯《チャーハン》頼んどいてあげたわよ
……‼
じごくっ
プルプル
僕田くん…
残したらわかってるよね…
こんもり
がんばれ…

5 怖い！ メークの魔法

今日はバラエティー収録
243
白鳥 君子様
ぬっ
誰!?
コンコンッ
このシーンが…
はっ はい
あの!? 関係者以外入らないで——
あらっ キミが新しい付き人さん？
かわいい顔してるわー♡
プニッ
よろしくね♡
白鳥さぁ〜ん！
今日の衣装2パターンよ
キャッ キャッ
え——！
どっちもかわいい！
でしょ〜♡
スタイリストさんだった

買いとりしちゃおうかなー♪
いうと思った♡
あんたはどっちが好き？
えっ!?
いや僕は…
いいから早く答える！
こっちで！
ふーん…こっちね
着替えるわ
シャッ
ねぇアナタ来週うちのファミリーセールおいでよ
ファミリーセール？
バーゲンよバーゲン高級ブランドが70％オフよ～
招待券あげる♡
でも僕お金なくて…
断っちゃダメよ！
シャッ
はあ…
僕が選んでないほうの服
ガックリ
誰もがもらえるチケットじゃないんだから
いくわよバーゲン

メーク室
この鏡に映る所に立ってなさい
はい
映りすぎ!
手しか見えない!
もっと右!
バカ! 左よ!
わたわたわた
ここだ…!! もうここから動かないぞ!
目印にペットボトル置いておこう
ゼェ ゼェ
水
水!
はい!
ダッ
あっ!!!
なによ うるさいわね!!
女の人がメークしてるの 初めて見た…
えっ
そんな緑の※1液体顔に塗るの⁉ しかも塗ると白くなるの⁉
ビクッ
あっなんか目の上に…はさんだ※2───!! いたそう───!!
もう一回やるの⁉
そして どれだけ顔に塗りたくるの…
こわい…

※1:化粧下地

※2:ビューラー

あっタレントのヒロムさんだ!
おはよーございまーす
メーク室は男女兼用
ちゃっちゃっと
さささっ
10分
さすが…! 男の人は早いなぁ
おはようございます…
ボソッ
一般人? スタッフさんかな?
のぺっ
90分後――
やっっと終わったー!!
白鳥さんが白鳥君子になった!!
ぐったり…
通ります…
ボソッ
あ すみません
さっきの一般の人――
キラッ
キラッ
キラッ
女優の高橋《たかはし》フミコだったー!!
全然別人!
失礼しまーす
はわわわわ…
メークって魔法!!

翌週末――
ファミリーセール会場
ザワ
ザワ
こっちよ
こっち!
これもいいわね
あ!
これほしかったのよ〜!
白鳥さん…
すごく楽しそう
色ちがいもいいわね〜
ああ…
思わずおがむ…
朝からご機嫌ですばらしい…!
ちょっと僕田ちゃ〜ん まだ何も買ってないの〜?
あっ はい
スタイリストの赤木さん…!
あたしが見立ててあげるわよ〜♡
いい!!
さすがアタシ!
へー なかなか似合うじゃない
買えば?
そうですね 値段は…
¥120,000
テレテレ
ピラッ
じゅうに!!?
ま…!!?

やっやっぱり
やめときます！
えーせっかく
似合ってたのに
スタイリング料も
取らないわよぉ
ブー
モタモタしてたら
いいやつなくなるよ
70％オフ
なんだし！
「買わない」という
選択肢はないらしい
自分で！
自分で
探します!!
ダッ
財布には
なけなしの1万円
うおおおおっっ
なんとか1万円
以内の服を
見つける
しかない!!
あった!!
￥8.000
￥27.000
70％OFF
8千円…！ これなら…
ポケットが山ほど
ついたベスト
ジャーン！
…これに8千円…
背に腹は
かえられない…
ああ…
最後の
1万円…
ガサッ
グスン…
戻りました
もー 遅いじゃない！
早く車出して！
トサッ
どっさり！
次元がちがう

6 クビか!? 辞めるか!?

よし…
バサッ
出勤するか?
今は看板女優の
白鳥君子の付き人を
やっている
僕は僕田友・21歳
事務所期待の
新人俳優だ(たぶん)
付き人を始めてから
あっという間に1週間が
たった
おはよう
ございます!
…なんでそんなに
汗だくなのよ
ぐっしょり
ゼェゼェ
ポタ
ポタ
お金なくて…
電車賃節約のため
恵比寿までママチャリで
きました

仕事終わり――
今日もお疲れさまでした！
お疲れ
あ 明日オフだから
え？
仕事入ってないからあんたも休んでいいよ
はい！ ありがとうございます！
休みだ!! やった〜!!
慣れない仕事に慣れない世界この1週間緊張した〜
今日だけはビール買おう！
一本だけだけど！
プシッ
BEER
ゴクッゴクッゴクッ
プハーーッ
あーーうまい!!
ボスッ
もう酔ってきたけど明日は休み！
最高だ〜
ぐおーー
ぐ
スピ
スピ

ブブブブ
白鳥さんから…?
もしもし…?
明日さ
逗子《ずし》の別荘にいくから車出して
10時にはここ出たいから頼むね
それと
ここにくる前に事務所に寄ってダイホン取ってきて
…はい…
じゃ お疲れ
ガチャリ
…休みじゃ…
ないのか…
よ…
ガクッ
グー
ブ…
翌朝――
ガバッ
やばい!
いかなきゃ!!
あ
マネジャーさん! おはようございます
あれ? どした?
今日休みじゃないの?
白鳥さんに頼まれて逗子の別荘までお送りするんですけど
ああ 逗子ね
出発する前にダイフク取ってこいって
ダイフク?
いただきものがちょうどあるけど…
なんで知ってるんだろ?
白鳥さん アンコ好きだもんなぁ
はい これ

おはようございます！
遅い！6分遅刻!!
すみません！
ペコーッ
同じ失敗3回やったらクビだから
いーね？
はい
出発します…
ブロロロロッ…
うわー海だ!!
天気もいいしドライブ日和《びより》だなぁ
かっこいい車に海
後ろに不機嫌な女優はいるけど
考えようによっちゃ
ステキなことだと思う
リゾートマンションに到着
ありがとう
帰りは自分で運転するから
荷物運んだら電車で帰っていいよ
わかりました
で？
台本は？

ダイ…
ホン…？
昨日いったでしょ
事務所に取りにいってないの？
あ…
あの…
カタカタ…
これ…
あんたバカじゃないの
なんで大福取ってくんのよ！
電話で…
そう聞こえて
あたしはここで集中して
台本読みたかったの
そんなことぐらい
わかるでしょう!?
台本今から
取ってきなさい
車なんか
使わせないわよ
電車で！自腹
でいってきて！
……
トボ
トボ…

逗子から事務所のある駅まで
往復2千円
僕は
こんなところで何をやっているんだろう？
……
ちょうど2千円しかない
俳優になるんじゃなかったのか？
これが本当に俳優になるための近道なのか？
ガタン
ゴトン
ポロッ…
そういえば朝から何も食べてない
ぐうぅ…
……
もう
付き人なんか辞めてやる

7 僕の役は、どれですか？

ガタン
ガサッ
カパッ
ゴトン
ちくしょう！付き人なんかやめてやる
大福も全部食べてやる!!
ガッ
ガツ
食べたらなんだか燃えてきたぞ…
ガツ
ガツ
やっぱり台本だけはきちんと取りにいこう
………
もぐもぐ…
さすが高級大福はおいしいな…
それを白鳥さんにたたきつけて
絶対に辞めてやる
ゴゴゴゴ

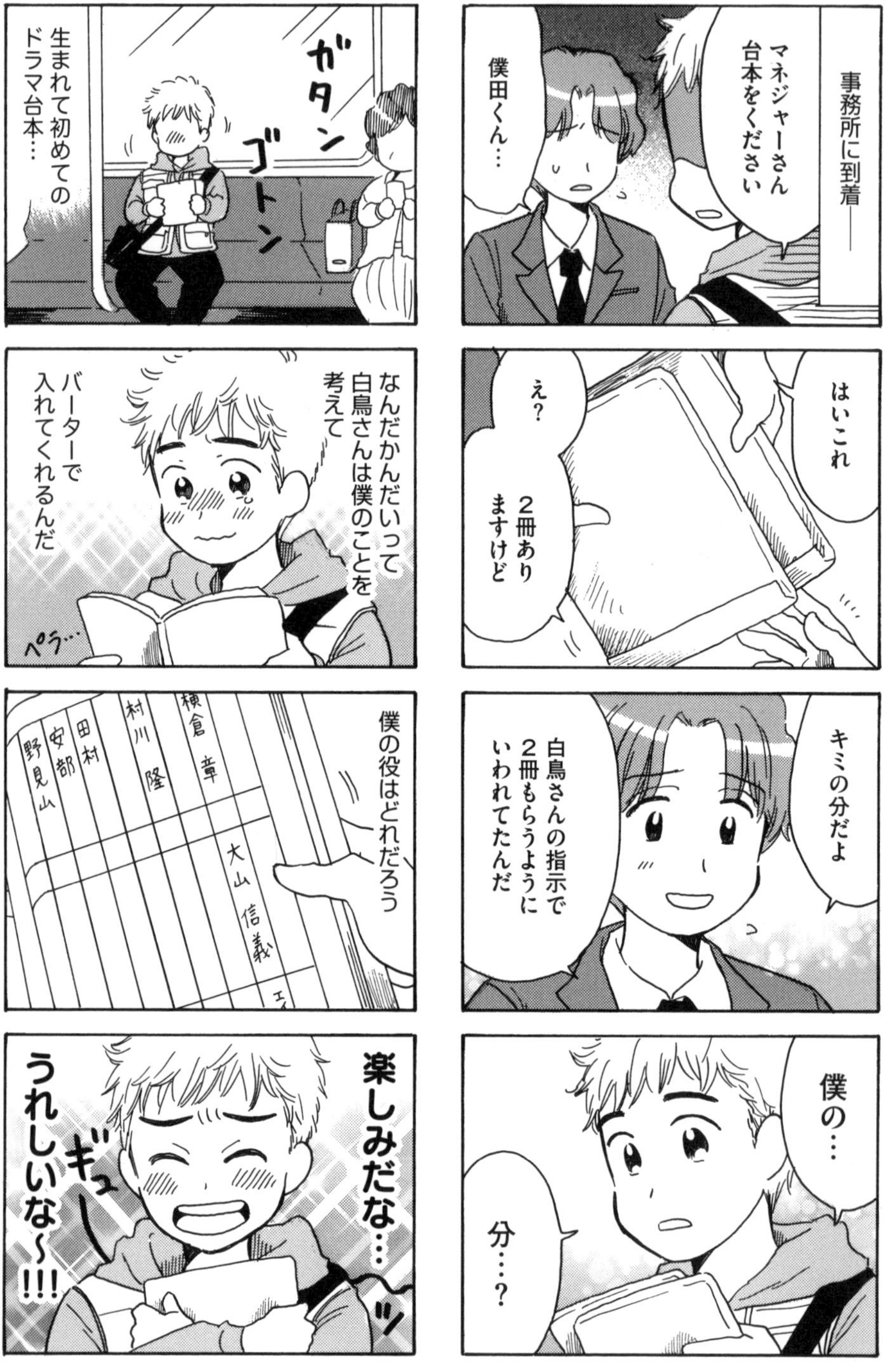
事務所に到着――
マネジャーさん台本をください
僕田くん…
はいこれ
え？
2冊ありますけど
キミの分だよ
白鳥さんの指示で2冊もらうようにいわれてたんだ
僕の…
分…？
ガタン
ゴトン
生まれて初めてのドラマ台本…
なんだかんだいって白鳥さんは僕のことを考えて
バーターで入れてくれるんだ
ペラ…
僕の役はどれだろう
横倉 章
村川 隆
田村
安部
野見山
大山 信義
楽しみだな…
ギュ～ッ
うれしいな～!!!

逗子に到着
白鳥さん!!
ガバッ
本当にすみませんでした!!
これ台本です!!
ズバッ!
???
えっ ええ…
……
ほらこれ帰りの電車代
どうせお金ないんでしょ
ありがとうございます…!
うるっ
やっぱり僕のこと考えてくれてる〜
それから白鳥さん
グスン
何よ
僕の分の台本もありがとうございます!
しっかり読み込んでおきます!
わ…
キラッ
キラララ
たじ…っ
わかったから早く帰りなさいよ
なんなのあの子… 何があったの
ランランラーン♪

※P＝プロデューサーの略、D＝ディレクターの略

衣装合わせ中
あの僕はどうすれば…
私が着替えてる時はいいわ自分のことやってなさい
自分のこと…僕の役のことかー!
わかりました!
うわー!さすが白鳥さん
白鳥君子様
すごい衣装の数…
ズラーーーッ
僕の衣装はどこだろう?
ウロ ウロ
キョロ キョロ
スタジオ中探したけど僕の衣装はないなあ
フーッ
まだ役が決まってないのかな〜
今日は主役級の役者さんばかりだし
きっとちょい役には衣装合わせないんだな
あ
トコトコ
うすらハゲでチビの鈴木さん
!!!
はっ
ぱっ
つい声に出してしまった!!

終了後——
鼻歌…
あのう白鳥さん
僕台本読み込んできました!
あっそ
それで僕はどの役ですか?
年齢的にやっぱり主人公の友人Aとか?
は?
あんた何いってんの?
へ?
あんたの役なんかあるわけないじゃん
ででも!! 僕の分の台本——
付き人なんだから当たり前でしょ あたしのシーンやセリフを覚えないとあんたが動けないでしょ
え——!!?
そんな!!
ハン!
何カンちがいしてんの?
ホント ずうずうしいったら
ちなみに何回読んだの?
3回です…
シュン…
あんたバカじゃないの! 最低でも20回は読みなさいよ!!
ドカッ
2…20回!!?

8 付き人が尊敬するのは…

ドラマの撮影初日の朝――
高速道路
ブロロロ…
バーターで入れると思ったのに
僕はドラマに出られないのか…
ぐすっ
あ
過ぎちゃった…
ギャ――――!!!
ギョッ
ちょっと!?
そこ降りる所!!!
どんより
今日は大事な初日なんだぞ!!
朝から気持ちつくって準備したのに台なしじゃないの!!
ギャー!!
ぐぐぐっ
白鳥さんは30分前には着くよう余裕をもって行動する
おはようございます
ボコボコだね…
じんじん
スタスタ
おかげでギリギリ遅刻せずにすんだ

僕田くんガラケーやめて スマホにしたら？
せめて ナビがあれば
そんなお金 逆立ちしてもないです…
地図買いなさい
地図!!
道は前日に予習して 頭にたたき込みなさい
白鳥さん そんな今どき
ズイッ
わかりました そうします
!!?
ピリピリスタスタ
やれやれ…
いよいよ撮影現場へ
ビシッ
これが憧れの ドラマ撮影…
ドキドキ
ザワ ザワ
すごい数の スタッフがいる…
主人公「上沼優馬《かみぬまゆうま》」役 三浦秋也さんです
ワッ!
パチパチパチ
よろしく お願いします!
優馬の上司「佐宗翔子《さそうしょうこ》」役の白鳥君子さんです
パチパチパチ
よろしく お願いします

会社社長役
安原健さんです
大御所の
安原健だ～!!
パチパチパチパチッ
ん？
安原さんの
付き人かな？
あの眼差《まなざ》し…
きっと安原さんのこと
尊敬してるんだろうな
憧れの人の
付き人かぁ
いいな～～～
それに比べて僕は…
じっ
!?
ドキィッ
じろり
ったく!! 鏡!!
手鏡出しなさいよ!!
この人を
尊敬しろといわれても

ドラマ撮影は
とにかく時間がかかる
ドライ
いきまーす
テスト※
いきまーす
このシーンだけで
何回やるの!?

※本番前のリハーサルのこと

朝から晩まで撮影
してもオンエアされる
のは5分くらいだよ
5分!?
少な!!
連ドラ1話分なら
1週間はかかるかな
1週間…!
うわあ…

何日拘束されても
ギャラは話数分しか
もらえないんだ
ヒェー
バラエティーの現場
とは大違いですね
先日
いった
ああバラエティーは
1日3本とか撮っちゃう
もんね
コスパがいい
俳優さんが
バラエティーに出る
ようになるわけだ…
ちらっ
はっ
手鏡ですね?
ちがう!!
水よ!!
バカッ!!
僕田くんも
あの流れ
何回目
だろう…

僕はこの日
白鳥さんの「女優」としての「芝居」を初めて生で見た
ごくり…
おっかれさまでーす!!
メーク落としてくるわ
はい
ぼーーっ…
あの演技…
悔しいけど
やっぱ
すげーや…
あ
どーも
どーも
安原さんの付き人さん…

白鳥さん すばらしい 芝居でしたね
…はい
安原さんも
……
……何か ありました?
……
自分は――
カメラの前で 大勢の前で あんなにどうどうと 芝居ができるのか
いえ…
不安になってしまった とはいえない
お互い がんばりましょう
はい
あれ?
今の人 落としものしてる 安原さんの控室 に届けておくか…
コンコン
カチャリ
ぶちゅううううううっ
!!?
ダッ
いっ
今の何!!?
パタン
はらり～

9 僕の給料全額ですね!?

午前中で撮影を終え
帰宅中――
ブロロロロロ
ちらっ
……
あんたずっと静かだけど
何？
何かあったの？
――いえ
なんでもありません
ペコッ
……
あっそ
フイッ
今朝
ちょっと怒りすぎたかしら…
いえない…
安原健と付き人が楽屋でディープキスしてたなんて
ぶちゅ
ううう
はわわわっっ
ガタ
ガタ
いえない〜〜〜!!

白鳥さん到着しました
え
ええ…
…ねえ
はい?
この車貸してあげる
この後乗り回して道覚えてきなさい
明日の朝
迎えにきてくれればいいから
え…?
いいんですか!?
ありがとうございます!!
パアアアッ
やった〜〜〜!!
なんでか白鳥さんやっさし〜い!!!
気が変わらないうちに地図買って…
えんっ
に…
2千円…
うーん痛い出費だけど…
これくださーい!
いいや!
買う!!
ばん!
だって今だけこのクラシックベンツは
僕の自由だ…!!

まずは緑山スタジオまでを完ペキに覚えよう！
近道も探すぞ〜！
ブロロロロロロッ
みてー
かっこいいー
ちらっ
みんな見てる…!!
かっちょいいだろこの車〜！
湾岸《わんがん》スタジオ
NHK《エヌエイチケー》に日《にっ》テレ
砧《きぬた》スタジオ…
主要な場所は覚えたぞ〜！
僕のアパートの近くにとめれば
キョロ
キョロ
明日の通勤も楽ちんだ！
パーキング
パーキングは…と
えーと
30分／300円
あった
今が夜の9時だから…
朝までとめたら5千円以上!?
白鳥さんの所に戻しにいこう…
ブロロロ

あー楽しかった
後ろに女優がいないドライブ
ブロロロロッ
最高!!!
ガリンッ
ガガガガ
サーーッ
プラーン
ゆら ゆら
ピンポーン
あの…白鳥さん…
何？
車…ぶつけちゃいました
バタバタバタッ
プラーン
あんた!!
何やってんのよ!!

修理費
給料から天引きだから
おいくらでしょうか…
だいたい10万円
僕の給料全額ですね!?
明日から生活できなくなっちゃいます…
じゃあ毎月1万で10カ月!!いいわね!!?
はい…ありがとうございます
同じこと3回やったらクビだからね!!
いい!!?
つつっ
はい…
——あっ
明日の迎えはどうしたら
…しょうがないわね
くいっ
あれ使って
あれって…
まさか…
ずっと隣に駐車してあったフォルクスワーゲンも
白鳥さんの車なんですか!?

もう1台
あったなんて!!
あ!!
しかもナビ付き!!?
あんにゃろ~!!
くううう…
地図買った意味
ねーじゃねーか!!
…しばらくは
1カ月9万円
生活か…
ほかのバイトする
時間もないし
キビシイなぁ…
はーーっ
トボトボトボ
今は電車賃も
もったいない
歩いて帰るか…
今日1日で
気分は上がったり
下がったり
……
…ちくしょう
ピタッ
ちくしょー!!
僕だって
絶対に
売れてやるーー!!!

10 怖い！若手vs.大御所

ドラマ撮影は佳境を迎え
ロケのため一路東北へ――
夜になって現場に到着
さすがに長距離で疲れたー
フーッ
早く部屋でのんびりしたいな
今日は移動だけだから
僕田くん運転よろしくね
はい！
白鳥さんはジュニアスイートご用意してあります
あとのおふたりは…
ツインルームでお願いします
え゛っ
相部屋!!?

シングルふた部屋にできませんか？
すみません
部屋数が足りなくて…
あっ全然大丈夫です！
いや～ははははっ
失礼しました！
…これから3日間相部屋か～
個室でのんびりできると思ったのに…
トホホ…
僕すぐ寝るから気にしないでリラックスして
やさし～い!!
マネジャー…!!
夕食はホテル内のレストランへ
イタリアンどうですか？
いいわよ
あれ…？
あ!! 今大人気の若手女優
赤羽《あかばね》リカさんだ!!
ズゴゴゴ
うわ～～かわいいな…
…!!?
ビクッ

そうだ…白鳥さんが嫌ってる女優だった
ツカツカ
どうしよう一緒に食べるのかな…
ツカツカツカツカ
スッ
無視したー!!
ちらっ…
やだもーアハハハハハッ
こっちも無視したー!!!
フイッ
こわ…!この状況こわ…!!
チラ
チラッ
オロオロ
あんた何チラチラ見てんの?
落ちつきなさい
すっ すみません…
ごちそうさまー!
ガタッ
ワイワイ
あっ
つかつか
こっちにくるー…!!

ピタッ
ぁ
白鳥さん
おはよーございまーす
いらしてたんですね
全然気づかなかった〜
あ
そう
ゾゾッ
明日からよろしく
お願いしまーす
こちらこそ
ワイワイ
キャハハハハッ
アハハハハッ
ガーンッ
ブサッ
あんの大根オンナ…!!
ひーーーっ!!
ザク
ザクザク
ズゴゴゴゴゴ
もう…
食事ができる空気じゃない…

こわすぎて味がわからなかった…
早く部屋で横になりたい…
げっそり
ケンタッキーのビスケット食べたい
へ？
買ってきて
あの女のせいで食べた気がしないのよ
今食事したばかりじゃ…
でもこんな地方で…
何？買いにいくのイヤなの!?
そっ
そんなことは…
マネジャ～～！
あっ
お世話になってます
見て見ぬふり
近くになければあきらめるはず…
教えてフロント！
5km先にございます
ドライブスルーです
あるんかい!!
あんたも食べ足りないでしょ
これで買えるだけ買ってきなさい
ぽすっ
10000 壱万円
ーーって僕はお腹《なか》いっぱいだよ!!
なんなんだよもーー!!
ブーンッ

白鳥の部屋――
もぐもぐ
あんたも食べなさい
えっ
は…はい…
こうなりゃもうヤケ食いだ!!
ガッ
ガッ
ガッ
残りは持って帰って
2個で充分だったわ
残すんじゃないわよ
ウプ…
マネジャーもう限界です…
胃も心も……
僕田くんしっかりー!!
ガチャッ
ドサッ
ズルル…
でっぷり
はーーっ
ドサッ
やっと寝られる…!
おやすみなさーい
ぐごっ
ぐごおぉ
ビクッ
ごがががががが
ギリギリギリ
ぐおおおお
……
チュンチュン
一睡もできなかった…
ギリギリギリギリ

11 ライバルは助監督!?

全然眠れなかった…
シャッ
マネージャーのイビキのせいで~…
フラ
フラ
ん?
マジか…
白鳥さんも陰で努力してるんだなぁ
白鳥さん!!?
…よし!!
ババッ
僕も気合入れないと!!
負けてられん!!!
うおおおおっ
ドババババババ
おはよ〜〜〜
僕田くん朝から元気だなー

白鳥さんにモーニングコールした？
いえ…
あの さっき外で走ってるの見ました
さすがだな～
地方にきても日課は欠かさないんだね
毎日走ってるんですか？
うん
毎日10km
ええ!!?
いっそんな時間が!?
太りやすい体質だとかでけっこう気にしてるんだよ
あ！
ガチャッ
そろそろメークの時間だ白鳥さん迎えにいかなきゃ
あれ？あの人たしか助監督の人だ
おはようございます
スッ
フンッ
えーー!!?なんで!!?
カンジ悪《わる》

今回のロケはホテル内に支度部屋がある
車出したり荷物運ぶ必要なし！
ロケっていいな〜
準備ができたらキャストカーに乗って現場へ向かう
他のキャストも乗る
おはようございます！
えーと…えらい人は後方の席で
白鳥さんは真ん中若手は前方か…
キョロ
キョロ
でも僕は白鳥さんの席の近くでスタンバイ！
水です
さっ
運転もしなくていい
ロケっていいな〜！
現場へ到着――
ガラッ
おはようございます！
おはよう伊藤《いとう》くん
白鳥さん今日もおキレイですね〜！
も〜調子いいんだから
!!?
チラッ……
プイッ
こいつ!!
どーゆーつもりだよ〜！

ワイ
ワイ
シュポッ
さっ
ねぇ
ちょっと進行具合確認してきて
え?
押してんのか巻いてんのか聞いてこいってんの
はぁ…
ほらあそこに伊藤くんいるでしょ
げげっっ
あいつに声かけるのか〜
くぅぅぅ…
イヤだな〜〜〜!!
あのすみません進行状況ってどんな感じですか?
…あのー
白鳥さんが押してるのか巻いてるのか確認したいって——
ちっ
うるっせーな!!
見りゃわかんだろ!!
はぁ〜!?
僕アナタに何かしました!?
フンッ
ワナワナ

ギリギリ
ギリギリ
オイ伊藤！
ちゃっちゃと動けよ!!
はい!!
ガーン!!
ホント つかえねーな おまえ！
すみ ません…
ペコッ ペコッ
へへーん
ザマーミロ
ギロッ
聞こえた!!?
ビクッ
ムカ ムカ
フンフン
あんた何フガフガしてんのよ
なんつーか燃えてるんです!!
あっそ
そんなにエネルギーあまってるなら監督のカバンもちでもしなさい
カバンもち？
あの監督 夜中に次の日の下見で動くのよ
なんでもいいからくっついて手伝ってきなさい
うまくいったら何か役がもらえるかもよ？
え！
はい！わかりました!!

撮影終了後――
この後監督の所いくんでしょ?
はい!
顔と名前しっかり覚えてもらうのよ
はい!
僕田くん…僕は先に寝るけどがんばってね…
いってきます!!
えーと…
あっ
いた!
監督!お疲れさまです!何かお手伝いさせてください!
おお…誰だっけ
白鳥君子の付き人
僕田友 21歳です!!
僕田かよし ついてこい!
はい!ありがとうございます!
カバンお持ちします!
バチッ
フンッ
3日ともたねぇんじゃねーの!
カチンッ
こいつ…
覚えてろよ――!!

12 これが、女優魂!

深夜2時――
やっとロケハン終わった…
バタンッ
寝られ…る…
早朝5時――
おはようございますマネジャー!
ドタバタッ
おはよぉ~
あれ? 僕田くんシャワーあびた?
時間ないんでいってきます
ぐごごごごごごご
ギリギリギリ
ピンポーン
白鳥さん
ガチャッ
おはようございます
……
あんた…なんて顔してんのよ
ズタボロ…
すいません…寝てなくて…

メークルーム
おい!! 寝るな!!
ビクッ!
ひゃい!!
すみまへん!!
白鳥さんの撮影は午前中だけだったハズ…
あと半日乗り切れば…
寝られる!!
ギュウウ
移動中
ウトウト
朝食で配られたおにぎり
だから寝るな!!
バシッ
ひゃい!!
ボロッ

現場に到着――
白鳥さん今日もおキレイですね
伊藤くん朝から元気ね〜
昨日は遅かったんでしょ?
いつものことですからタフじゃなきゃこの仕事はできませんよ
ちらっ
そうよね俳優も同じよ
タフじゃなきゃね
チラッ
ちっ
ちっくしょ〜〜〜!!
ワナワナ
アハハハハ
ウフフフ

休けい中
今日はギャラリーが多いですね
ワイワイ
撮影情報が流れたみたいだね
白鳥さんサインください
あの
握手してください！
ササッ
すみません離れてください！
いいのよ
わあっ
応援してます
がんばってください！
ありがとうございます
にっこり
白鳥さんスタンバイお願いします
はい！
ズッ
にこにこ
白鳥さんああいう時対応するんですね
意外でした…
彼女は基本優しい人なんだよ
仕事だからって断る人もいるけど
キャッ
サインもらえたー！
すごいキレイだったねー！
キャ
取り合わないとファンからも「えらそうに」とかいわれるし
対応しすぎると役の気持ちが途切れちゃうし
ムズカシイところだよね
まあ身内には厳しいけどね
アハハハハハ

あの…
おず…
佐藤プロデューサーどうしました?
午後なんですが地元の新聞社が取材にきたいと申しておりまして…
オフなのに申し訳ないんですが どうでしょう
白鳥に確認してみないと
いいですよ!
この作品をたくさんの人に広めてもらわなくちゃね
いやぁ〜ありがとうございます!
それと夜なんですがロケ地のオーナーの方がお食事をと…
はい いいですよ
休みがあああ
ホテルでランチ中
白鳥君子さんだ!
サインください
キャーーッ
握手してください!
食事もゆっくりできない
次は取材ね
スタ スタ
ヨロ ヨロ
取材中――
このドラマのテーマは――…
演じる役は――…
熱く語る白鳥さん
かっこいいな…

そして夜——
いや〜〜〜大ファンです！
ありがとうございます
ギュッ
サインだ握手ださらには自分の自慢話しかしない！
ハッハッハッ
ウザイな〜〜〜
フフフッ
……
にこ
にこ
お気をつけて
ワイワイ
ぺこっ
…俳優の仕事って芝居するだけじゃないんですね
お
わかってきた？
白鳥さんに会う人は
みんな笑顔で気持ちよく帰っていきますよね
単にキレイなだけじゃ女優なんてできないよ
長く続けられるのはみんな努力している人なんだ
そう…ですよね

くるっ
ねぇ
車出して
ちょーだい
あれ？
笑顔は!?
え？今から
ですか？
さっき地元の人に
近くにいい温泉が
あるって聞いたの
はい…
いくわよ
マネジャー
早くして!!
はい
あれ？
運転…
僕田くんの労《ねぎら》いも
兼ねてるみたいだよ
スヤァ…
――って
寝ちゃったか
ブロロロ
温泉に到着――
カポーン
気持ち
いい…!!
癒やされ
る～！
じーん…
は
あれ？
もや～
先客が
いたのか…
あ!!
ぶちゅ
よみがえる
記憶
安原健さんと
その付き人さん!!
ここで
会うなんて
どうしよう…!!?
ブクブクブク
ちゃぷん！

13 付き人も十人十色

温泉にきたら
安原健さんと
その付き人さんが
き気まずい〜!!
「キミたちも・・・お仲間かい？」
——って意味に聞こえてしまう
ほら僕田くん
あいさつにいこう
ばしゃっ
あ！
安原さん
お疲れさまです！
さささっ
やあ
キミたちもかい？
ギョッ
はっ
じっ……
ばしゃ
ばしゃ
…見てる!!
？
じーーっ
ちゃぽんっ
安原さんてば
めっちゃ股間見てる——!!?

地元ロケが終わり
新木曜ドラマ
太陽と月と
いよいよドラマのオンエアがスタートした
明日からのスケジュールはドラマ撮影に加えて
番宣のバラエティー
取材と打ち合わせたくさん入ってるから
ほえ
台本どこ!
車出して!
やばい!
今までの忙しさなんて序のくちだったんだ!!
ドタバタ
僕はまたミスが増え
イライライラ
ピリピリピリ
白鳥さんは日に日にイライラを増していった
ぐったり
緑山スタジオ楽屋
今日は台本読みながらここでお昼食べるから
食堂でおそば買ってきて
はい
かけそばね! 天ぷらとかいらないから!
ダッ
わかりました!
ピッ
かけうどん
あっそば売り切れだ…
かけうどんでいいかな
大差ないだろう
そば売り切れていたのでうどんにしました
コトッ

バカ!!
うどんはそばより糖質高いのよ!?
私は毎日バランスを考えて食べてるの!!
売り切れてたなら確認しに戻ってきなさいよ!!
…すみません…
代わりに…何を買ってくればカツ丼ですか?
カレー?ラーメン?
あわわっ
あのっうどんは僕が食べよーかなー
あせあせ
…もういいわよ
ホント使えない
ズルルルッ
ぐぐぐ
夕食休けい
メインはチキンソテー
はいっ
その小鉢もとって
はいっ
夕食は普通に食べるんだ
ここに置いて
はい
あ!! 白井《しらい》英和《ひでかず》さんだ〜!
おい兄《にい》ちゃん!
おまえも一緒に食おうぜ!
え!! 僕ですか!?
共演者のみなさんと食事できる!!

こいつはいいのよ
ヅっ
え〜そうなの？
……失礼しました…
スゴスゴ
フンッ
ああ…
ワイ ワイ
華やかで楽しそうだ…
絶対いつか
あっち側にいってやる!!
ガツガツ
撮影は深夜におよび――
あっ 安原さんの…
こんばんは
お疲れさまです
毎日遅くまで大変ですよね
そうですよね
スケジュールも不規則だし
給料も安いしなぁ
…いくらぐらいもらってます?
僕は月15万円です
15万!!?
9万→
スザッ

でも家賃はべつに出してもらえてるし
食費もほとんど出してもらって申し訳なくて
じょ…冗談でしょう⁉
こっちは勉強させてもらってるのにお金までもらえるなんて
付き人の仕事って本当にありがたいですよね
キラ
キラ
カット!!
おつかれ様でしたー!!
おーい渡辺《わたなべ》ー
あっ
はい!
タタッ
あ…
あははははは…
……
じっ……
何よ
…いえ…
その目
翌日 バラエティー番組収録後——
ワイ
ワイ
高級中華料理店で打ち上げだ
付き人はもちろん店の前で車を止めて待機
え!!
芸人下田さんの付き人なんですか
あのゴールデン特番ギャラン千万円っていう…
はい
2年やってます
山本です
山本《やまもと》さんどこに住んでるんですか?
恵比寿です
さすが売れっ子の付き人!
いいな～!
師匠の家の近くに住まなきゃいけなくて
僕給料7万円なんですけどそこから家賃3万円払ってますから
7万!!?

僕田さんは？
10万円ですけど…
今は車の修理代引いて9万です
いいな〜うらやましいな
安原健さんの付き人さんは15万円だそうです
15万!!?
ははは
ウソだろ!? さらに家賃食費べつって…
愛人じゃあるまいし!
ねえ!!?
ゆさゆさっ
あのっ えっと
どうどう
僕 安原健さんと付き人さんが楽屋でキスしてるところ見たことあって
えっ マジで…
あああっ つい話してしまった!!
…俺
師匠とチューできねぇ…
……
…ですよね…
ぐーーっ
腹減りましたね
ですよねぇ…
ああ高級中華…
グルルル ぐぅ
その日の夜風はやけに冷たく感じた——

14 内緒の仕事に同行します

まだまだドラマの撮影は続く
今日は食事のシーンか…
すげ～豪華!!
あんた鯛《たい》食べたことある?
いえ ないです
食べてみたい?
はい!
しょうがないわね
カット!!
OKです!!
食事休憩入ります!!
料理丸々残ってる もったいないな…
これ いただいて いいかしら?
いいって これ楽屋に運んで
うお～!!
鯛の尾頭《おかしら》付きだ～!!

いただきまーす
ぱくっ
ぱくっ
……
ふーんこれが鯛の味かぁ…
なんだかパサパサしてるな
ムグ ムグ
サンマのほうがおいしいな～
ライトに長時間さらされて硬くなっている
モグ モグ
カピ カピ
…どう? おいしい?
はぁ… おいしいです…
じゃあ全部あげる
あっ ありがとうございます
今日の白鳥さんは珍しく優しいなぁ
ぱくぱく
パサパサだけど食べるぞ～!
ゴホッ ゴホッ
ヅっ かた!!!
僕田くん何も知らないで…
がんばれ!!
弁当

今日はドラマ撮休日
白鳥さんは名古屋《なごや》に出張だ
おかげで僕も休めない…
もう何連勤だろう
うっうっ
あの…今日マネジャーさんは?
今日は会社には内緒の仕事よ
え
あたし今日は休んでることになってるからよけいなこといわないでよ
どういうこと!?
メークもスタイリストもいないからサポートよろしくね
はい…でも
事務所にバレませんか?
ムッ
ローカル局のテレビショッピングなんて東京じゃ流れないから
大丈夫よ!
フン!
カツカッカッカツ
ずっしり
え?
これバレない??
大物オーラはんぱないんですけど!?

ローカル局到着
ゴッ
衣装そこにかけといて
ゴソ
はい
あ!!
ちょっと!ストッキング買ってきて!
ビクッ
ええ!?
肌色のやつ!!時間ないから早く!!
ガチャッ
だっ
はっはい!
洋品店にきたものの
ズラッ
どれ!!?
あの…何かお探しですか?
ええと…
肌色のストッキングを
サイズは?何デニールですか?
サイズ?デニール??
ええええ??
ちんぷんかんぷん
デニールって厚さのことか~!
一番フツーのやつなら大丈夫だろう!
タタタッ
急がないと…
?
ウロ…
ウロ

遅いじゃないの!!
あの…お客様みたいです
え?
…白鳥さん
おはようございます
……
おは…よう…
大変ごぶさたしていました
あんたなんでいるの
今日の商品説明役でお世話になります
よろしくお願いします
…そうがんばってんのね
よろしく
はい
…失礼します
…あの
……
あいつ昔私の付き人してたのよ

え…
当然貴重品
預けるじゃない？
ある時
お金の減り方が
おかしいなと思って
財布に入れておいた
金額も使った金額も
全部計算したの
そしたらやっぱり
盗まれてた
あいつ私のお財布から
お金抜いてたんだよ
次の日も何食わぬ
顔できたから
「あんたクビ」
「わかってるよね？」
――っていったのよ
…そうだったんですか
収録開始――
さすがプロ同士
お互い笑顔で
テキパキとこなしてる
この厚かましさが
ないと
この業界では
やっていけないのかな…

15 打ち上げで大金ゲット!?

ドラマの撮影はクランクアップ間近スタジオに入ると――
白鳥さんドラマの数字出てますよ
評判いいですね!
ありがとうございます
コンコン
はい!
あちこちから声がかかるなぁ
白鳥さんもうれしそう
ルンルン♪
控室
ガチャッ
!!
かっ歌手の大本《おおもと》康平《こうへい》さんだ!!
白鳥さん久しぶり~!
元気?
えー!久しぶり元気元気!
隣のスタジオで音楽番組の収録あってさ
うそ
偶然~!

おっ
おお
ガク
ガク
もとっさん!!
ギョ!
何あんた
これアタシの付き人
もしかしてファンなの?
はい!!
去年のコンサートいきました!
大ファンです!!
おお そうか
じゃあ次は楽屋に遊びにこいよ
!!
ズバッ!!!
3年早い!
アッハハハ
きびしいなぁ!
ゾッ
3年…ってリアルすぎる…
3年後も付き人…? 100年後の方がマシだよ…
そしてついにクランクアップ!
ワッ!!
おつかれさまでしたー!!
みなさんのおかげです…!
ヒック
ヒック
本当にありがとうございました…!
……
赤羽さん泣いてますね
ハン!
しらじらしいわね~
僕もやっとこの寝不足地獄から解放される!!
ちょっと!
なんであんたも泣くのよ!
ツー
ウッ

六本木《ろっぽんぎ》でドラマの打ち上げ
すごい関係者の数!!
こんなにいたの!?
かんぱーい!!
プロデューサー・監督・主演に続いて…
白鳥さんのスピーチだ…!
ドキドキ…
このチームの一員になれて光栄でした
次の作品もぜひご一緒したいです
ありがとうございました!
ワッ! パチパチパチパチッ
スタッフも俳優陣もみんなキラキラしてる
ワイ ワイ
いつか僕もあの輪の中に…!
恒例のビンゴ大会
景品はスポンサーや俳優さんが用意してるんだよ
へー!
家電やブランドバッグもある!
パチパチパー
あの俳優の景品
CMスポンサーからもらったやつの横流しね
次は安原健様から商品券5万円分をいただきました!
しょぼ! ケチくさ!
5万〜?
…あの
白鳥さんは何を提供したんですか?
あたし? あたしはね…
ニヤリ…

おおーー!!
次は白鳥君子様よりいただきましたハワイ往復ペアチケットです!
ハワイ!?
さすがだなぁ白鳥さん!
僕田くん
あれこの前クイズ番組でもらったやつ
ヒソ…
えっ
なぁんだ
自分も横流しじゃん!
忙しくて自分じゃいけないからね
ですよねー
いーなーハワイいきたいなー
まぁ僕らも無理だけどねー
アハハハハハハ
ガタッ
あ! 次は一番盛り上がる千円じゃんけんだよ!
千円じゃんけん?
参加費千円で全員がじゃんけんをする
負けた人は千円を寄付
勝者は総取りできる
これは大金を得るチャンス…!
参加する人ー!
はい!! 参加します!!
じゃーんけーん
ぽんっ!!

1回戦で負けた
ちーんっ
弱いわねー
あっあの助監督のヤロウ残ってる!!
フフン
くそ~こっち見るな!
!!
ここで敗者復活!!
参加費は5千円です!!
ガタタッ
あんたいく気なの?
男には…引けない戦いがあるんです!!
でもお金がありません!!
キリッ
あんた…
しょうがないわね
ほら5千円
白鳥さん!!
ありがとうございます!!
じゃんけんーー
ぽん!!
負けた
バカねー

数分後
第2回敗者復活ー!!
今度の参加費は1万円です!
どんより…
あいつ残ってるし…
ほら
もう一回勝負してきなさい!
白鳥さんん!
マジっすか…!!
10.000円
よっしゃーーー!!
もう生きるか死ぬかの大勝負!!
じゃーんけん…
…負けました
…あんたね
どんだけ弱いのよ
助監督のヤツ
最後のふたりまで残りやがった!
ブルブル
負けろ
負けろ
負けろ!!
じゃんけん
ぽん!!
負けたーー!!
キッ!
んべーー
効いたぜ呪い!!
ザマーミロ!!
…ていうか
これなら
1万5千円
普通にもらいたかったな…
僕田くん
どうしたのーー?
トホホ

16 ついにキタ!? 俳優の初仕事

ドラマですか
映画ですか!?
どんな
役ですか!?
これなんだけど…
スターの付き人さん
50人集めてみました。。。。。
これは…
うん
バラエティーだね
白鳥さんには
話通して
あるから〜
よろしく
俳優志望の僕
初仕事バラエティー
50人集めてみました
収録日――
ワイ ワイ
ガヤ
ガヤ
共同控室って
こんな感じなんだ
緊張するな〜!
あれ?
スタイリストさん!
今日は白鳥さん
出ませんよ?
やっほ♡
やーね
アナタの衣装
持ってきたのよ
ええ!?
いいんですか!?
僕お金ないのに
高いやつだ…!!!
出世払いに
してあげる♡
お祝いよ♡
控室のみんなが
うらやましそうに見てる…!
いいな〜
へー!
よし!!
衣装だけなら
僕が一番かっこいいぞ!!

スタジオ
ズラーーッ
え…
すごい…!
ホントに50席もありますよ!?
席に名札がついてる
僕の席は…
キョロキョロ
僕田くんの席はあそこだよ
え…
センターですか!?
どまんなか!!
この並びは付いてるタレントのランク順だから
ガタガタ
つまり白鳥さんのポジションは最前列センターってこと
ちゃんとおもしろい話してよ
白鳥さん絶対オンエアチェックすると思うし
お…おもしろい話…
あるかなぁ……
いっぱいあるでしょ キミはとくに
でも変なこといったら怒られるしカットされても怒られるよ
ギリギリを攻めて笑わせて できれば最後は感動させられたらベスト
いいね?
ズシンッ
プレッシャーー
プシュ
付き人のみなさんスタンバイして下さーい!

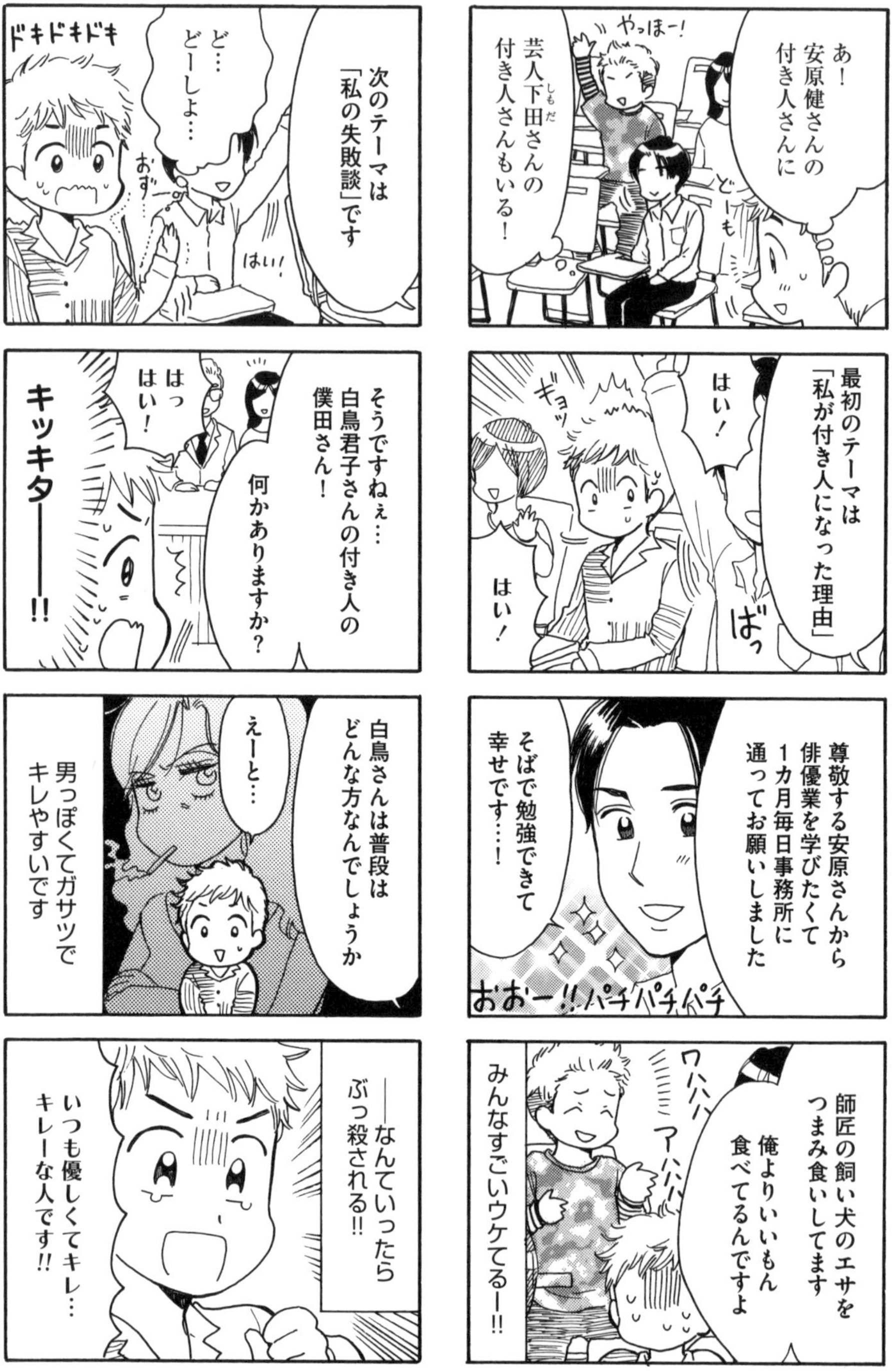

あ！安原健さんの付き人さんに
どーも
やっほー！
芸人下田《しもだ》さんの付き人さんもいる！
最初のテーマは「私が付き人になった理由」
ギョッ
はい！
ばっ
はい！
尊敬する安原さんから俳優業を学びたくて1カ月毎日事務所に通ってお願いしました
そばで勉強できて幸せです…！
おおー!!パチパチパチ
師匠の飼い犬のエサをつまみ食いしてます
俺よりいいもん食べてるんですよ
ワハハハ
アーハハハ
みんなすごいウケてるー!!
次のテーマは「私の失敗談」です
はい!
ど…どーしよ…
おず
ドキドキドキドキ
そうですねぇ…白鳥君子さんの付き人の僕田さん！
何かありますか？
はっはい！
キッキタ――――!!
白鳥さんは普段はどんな方なんでしょうか
えーと…
男っぽくてガサツでキレやすいです
――なんていったらぶっ殺される!!
いつも優しくてキレ…
キレーな人です!!

そうですよね～
怒られたことはないんですか？
あのっ
あ…
あります…
どんな失敗を？
白鳥さんに「事務所に台本取りにいって」と頼まれて大福を…
…は？
「台本」と間ちがえて「大福」もっていったら怒られました
カアァァ…
どっ!!
大福!?
アハハハハハハハハハハハッ
やったー!!
ウケたぞー!!?
白鳥さんアンコ好きで
ペラペラッ
ちょうどその時 事務所にいただきものの大福があったのも運が悪かったっていうか
ドッ!!
アハハハハッ
最高!!
プッ
あの大福…
くっくっく
ぬっ
ふーん…あいつ調子に乗ってるじゃない
ビクッ
しっ白鳥さん!?
ギョギョ!!

別荘にいたんじゃ…
心配で休んでらんないわよ
僕その時お腹ペコペコで
悔しいから電車の中でその大福3つも食べてやりましたよ
遠くまで呼び出しておいて電車賃くれないのはちょっと…
白鳥さんてケチなんだな…って思っちゃいました
まぁ後から払ってくれたんですけどね
ワハハハ
僕田く～ん
みてるみてる～!
悪口はその辺にしてー!!
………
アッハハハハハッ
フッ
ど…
どーいうほほえみなんだろう
ビクビク…
ニヤニヤ

17 僕が本当にしたいのは…

今日から筒井《つつい》監督の映画の仕事だ
不良の青春もので白鳥さんは主人公の母親を演じる
そうだった僕が目指してる場所はここ！
ここだよ～!!
キラッ キラッ
うわ…！すごい規模のオープンセットだな～！
あのキャメラこっちね
はい
ドラマよりカメラが大きい！
控室
白鳥さんコーヒー買ってきました～
ガチャンッ
いや～いい刺激だった～
付き人の皆さんに集まってもらいました
!?
やばい!!
白鳥さんてケチなんだな～って
ドッ
ハハハ
僕が出たバラエティー今日放送だった～!!

あたしの悪口いったわね!
キーーッ
ビクビク
あんたの話よかったよ
へ?
ウケてたしゲストも話拾って広げてくれたし
この調子でがんばりなさい
あ…
ありがとうございます…!
じ〜ん…!
撮影現場
主人公和田《わだ》の母親役
白鳥君子さんです!
ペコッ
よろしくお願いします
パチパチパチ
主演の人よくテレビで見るアイドルだ
たしか僕と同い年のハズ
…いいなぁ
おい おまえ
ジャマだ!
ドンッ
すっ
すみません!!
誰も僕を俳優として見てくれない
…くやしい…

休けいはさみまーす
次はうどん屋のシーンで40分後開始です！
白鳥さん監督と話してる
どうしたんだろう
スタスタ
あんたに役ついたわよ
え!?
セリフ1個
さ
練習するわよ
えええ――!!?
はい
いってみ
おっ
おばちゃんきつねうどん！
ダメ
もう一回
おばちゃんきつねうどん
ダメ
もっと軽やかに
おばちゃんきつねうどん！
ちがう
もう一回
もぐもぐ
この後50回続いた

この衣装に着替えてください
テキ
パキ
メークしますね～
な…
何がなんだか…
オロ
オロ
パニック!!
あのね僕田くん白鳥さんが監督にお願いしてくれたんだよ
え?
あいつの役作ってくれって
白鳥さんが…
ドキドキドキ
がんばらなきゃ…
テストいきまーす!
よーい
ハイ!
おっ おばちゃん
きつねうどん!
カット!!
い… いえた…

大丈夫だったかな…
あキミね
やっぱその役いらないわ
バラし!※
はい!
ほらキミ出ていって
……
テストよーい!
撮影終了後――
…この重たいメークボックスも
もう持ち慣れたな…
スッ
スッ
――僕は
僕は
何がしたくて
この世界に入ったんだろう

※片づける作業のこと

自分と同じ年で主演で活躍している若手はたくさんいる
僕は役名もなく
たった1個のセリフもカットされる
あいつらはなんで人気があるんだろう
僕があいつらに負けているとは思わない
いったい何がちがうんだろう
こんなはずじゃない
付き人がやりたいわけじゃない
僕だって俳優の仕事がしたい
このメークボックスをぶちまけて
全部やめてやりたい
…撮影まだまだ長いから
またあんたの出番もあるよ
……
はい…

18 今度こそ！ 俳優の仕事

じーーっ
おい!!
ビクッ
キョロ…
トロトロと遅いんだよ!!
ちくしょ〜〜〜
じ〜〜
視線を感じる…
?
主役《あいつ》と僕 本当に何がちがうんだ！
負けたくねー〜〜!
あ…助監督の女の子だ…
いっつもどなられててシンパシー感じるなぁ
おまえはアホか!? 次に何するのか読めよ!!
おい!!
画面に映り込んでるぞ 何やってんだバカヤロー!!
ハッ
ゲシッ
イヤ!?
僕より状況ヒドイ!!

あれだけ怒られて よく泣かないなぁ
たくましい…
タタタッ
パラリ
あのっ 落とし ましたよ
あ…
すみません…
タッ
ぐすっ
……
本日の撮影は終了
おまえ明日も ちゃんと現場 こいよ?
頼むぜー
前の助監督3日で逃げて 大変だったんだからな
…白鳥さん 先に車乗ってて もらってていいですか
いいけど… どしたの?
う…
うんこ です!!!

あの
これ
え？
なめると元気出ますよ
僕も…今はただの付き人で毎日スゲー怒られてますけど
負けませんから
いつか必ず僕らの時代作りましょうね
ね!!
…はい
翌日――
だから！遅いんだよ!!
いいかげんにしろバカ!!
はいすみません！
キュッ
うん…
お互いがんばろう…!!
こくっ

おい
はい
監督!
おまえこれ
やってみろ
うどん屋の店員
え…?
つっ
次のチャンスいきなり
キター——!!!
セリフは
「いらっしゃい」のみだけど
うれしい!!!
またカットされるかも
しれないけど…
いらっしゃい!
いらっしゃい!
いらっしゃい!
やるぞ~!
いらっしゃい!!
いらっしゃい…
ぐっ
よーし!!
ぐっ
絶対OK
もらってやる!!
いらっしゃい!!
いらっしゃい!
あんた
顔が怖いわよ…

い…
ドキドキ
いよいよ本番だ…！
ドキドキ
ドキドキ
ドキドキ
ドキドキ
キャメラ！
ロール！
サウンド
スピン！
シーン51 カット1 本番！
よーい…
アクション!!
ガララ…
いらっしゃい！
…きつね
ふたつね
ガタン
カァーーーット!!
OK!!
ホッ
やった〜!! OKもらえた!!
くぅ
フフ…

後日――
ワイ　ワイ
今日は完成した映画の関係者の試写会だ
うわ〜みんなキメキメの格好だなぁ
僕場ちがいだなぁ…
キョロ　キョロ
ほらいくわよ
はい！
ついに…
僕も映画デビューする日がきた…！
つ…次のシーンだ…！
ドキドキ
…きつね
ふたつね
…僕のセリフカットされてる!!!
でも映ってる!!!
ほろ苦い銀幕デビューになった

19 成長、しています!

久々のバラエティー収録
ダラダラ
スタジオの中って暑いよな〜!
すごいライトの数…
あ…
僕が暑いってことは
あの強いライトの中にいる白鳥さんはもっと暑いよな
カット!!
白鳥さん麦茶です
!
サッ
ゴクゴクゴクゴクッ
ホッ
よかった
やっぱりのどかわいてたんだ
ありがと
ふ〜っ
うわ…
自分から動いて役に立ったの初めてかも…!
あいいな〜
ね
うちも麦茶ある?
用意します!

気が利くって
相手の気持ちを
想像することなんだ
この時から
白鳥さんの望むことが
わかるようになってきた
今巻いてます
鏡
サッ
そう
台本です
ん
何もいわれなくても
必要なものを渡すことが
できた時の快感…！
なんか…
今日の僕田くん
すごいですね
……
フフッ
収録後――
僕田くん
だいぶスムーズに
動けるように
なりましたね
まだまだだけどね
白鳥さん
キビシーなぁ
当たり前よ
人の気持ちがわからないと
俳優なんてできないからね
…そうなのか
相手の気持ちを
想像することも
俳優の勉強なんだ
やっぱり白鳥さんは
ただのイジワルじゃ
ないんだな～！
ありがとう
ございます！
？

着替えのため別室へ
工事中なので 仮設ブースのご利用をお願いします
ガチャッ
ギョッ!!
バラエティーでよく見るタレントさんだ…!!
!!?
開けちゃったごめんね〜
はーい大丈夫で〜す
オロ オロ
なんでカーテン閉めてないの!?
ていうかふたりとも動じなさすぎ!!
すっぽんぽんだよ!?
ギロリッ…
ビクッ
シャッ
ほらいくわよ
下まで見ちゃったけど…
僕悪くなかったよね!?

帰り際
あら
関口《せきぐち》さん
珍しい
チーフマネだ
おつかれ
あのドラマ
正式に決まったから
報告にきたよ
メシ行こう
高級中華料理店
今日は身内の
会合だから
あんたも同じテーブル
につきなさい
はい
はいこれ
新しい台本ね
いいなぁ〜
ちなみに
僕田くんの
役もあるよ
えっ!?
ガタタッ
白鳥さんがプロデューサーと
監督に頼んでくれたんだよ
白鳥さん…!
ありがとうございます!
宅配便の
お兄ちゃん役!!
台本に僕の
名前も
ちゃんとある!
セリフもふたつある!!
台本
最低でも20回は
読みなさいよ
はい!
家で立ち稽古《げいこ》
してくるんだぞ
宅配便の兄ちゃんの
研究もしてこい
いいわね?
は…
はい

今日はお祝いだから
いっぱい食べな！
うれしい！
いただきまーす！
白鳥ちゃんは
相変わらず
食べっぷり
いいね〜！
だから好きだよ
ぱくぱくっ
でも全然
太らないですよね
プロですから
たしかに白鳥さんて
全然体形変わら
ないよな〜
陰でどんな
努力してるんだろ
ぱくぱく

ごちそう
さまでした
僕
車
回しておき
ます
そのまま
待機してます
うお〜！
映画に
続いて
ドラマ
出演!!
早く帰って
台本読みたい！
♪
ルンルン！
——と
その前に
トイレいっとくか
あれ？
白鳥さん
ツカツカ

バタン・・
オ゛ェッ
ゲホッ
オェ…
え…
吐いてる…？
ガチャッ
バタン…
……
ビクッ
あの…
大丈夫ですか？
ツカツカ
誰にも
いうんじゃないよ
え？
…大丈夫だから
よけいなこと
いわないで
スッ
…わかりました
……

20 努力の人・白鳥君子

あたし
タバコ
やめるから
へ?
いつもみたいに買い置きとか
絶対しないで
はぁ…
白鳥さん…この間トイレで吐いてたし…
あの…どこか体調とか悪いんですか?
マネジャーもわかった!?
ビクッ
はっ
はい!
そんなんじゃないわよ!
ガーッ
肌に悪いし歯が黒くなるからやめるの!!
はい!すみません!
心配してるのにー!

今度のドラマは
ベストセラー小説が原作で
オンエア前から話題沸騰《ふっとう》
ドラマ化決定!
白鳥さんはひときわ気合が入っていた
顔合わせまでに1話のセリフ完ペキに入れるわよ
あんた台本20回は読んだでしょうね
はい
セリフ入ってる?
はい
2個ですし…
じゃああたしが運転する
キーかして
はい!!?
あんたは助手席であたしのセリフの相手すんの!
はっはい!!
ビシィッ
…下手《へた》くそ
イライライライライライ
すっすみません!
…ねえ
1本ちょうだい
??
そんなセリフないですけど…
タバコよ
タバコ!!
えっ
でも禁煙…
いいから出して!!
スパー…
シーン7からもう一回いくわよ
…はい
トホホ
PPPPP

ちょっと
とめるわよ
——はい
もしもし
——そう
わかった
それじゃ
…あの
マネジャーさんですか？
今回のあたしの役
後半病魔に襲われる
らしいわ
だからあと
6kgやせてくれって
え…？
6kg…？
たいしたことないわよ
白鳥さんは
飲み会
麻雀《マージャン》
ゴルフ
誘われれば仕事が
入っていない限り
絶対に断らない
こういう人間関係が
のちのち仕事に
つながるんだと
僕も一緒に
連れていってくれる
僕はオールとなると
眠くてしょうがないのに
白鳥さんは元気いっぱいで
体調も崩さない
でも
今は少し疲れて見える
さすがに
ちょっと心配だ

顔合わせ当日
ズラッ
大物ばっかり
圧巻…!!
白鳥さん完ペキだな…
スゲー…
ほう…
もうセリフ全部入ってるぞ
すごい…
ごくり…
白鳥さん完全に主役を食ってる…
休けい中
1本ちょうだい
…でも
いいから早く!
——はい
この後 若手俳優たちを食事に連れていくけど
今回あんたも出る側だから一緒にきなさい
しっかり胸はりなさいよ
シャキッ
はい!わかりました!!

高級焼き肉店
白鳥さん お肌キレ～
キャッ キャッ
化粧品 何使ってるんですか
スタイルも いいです よね～
ジュ
みんなすごい ゴマすってるな～
ちょっと!
ひっくり返すのは 1回だけ!
はっ
あ
胸はれっていっといて 僕だけ怒らないでよ!
はい!
白鳥さん ごちそう さまでした!
ありがとう ございました!
ワイワイ
スッ…
あっちは たしかトイレだ…
白鳥さん また吐くのかな…
…追いかけたいけど やめる
絶対に怒られるから

帰り道――
ブロロロ…
…6kg減量かぁ
明日からまた走るかな
無理しないでくださいね
無理するわよ 今回クランクインまであんまり時間ないし
ダメです!!
ビクッ
しっ白鳥さんはそのままで十分やせてるし病気の芝居なんて演技で乗り切れます!!
絶対!!
フフッ
……

21 いつだって全力投球

今日はドラマのチームで「オー●スター感謝祭《かんしゃさい》」の生放送へ
2列目
白鳥君子
白鳥さんはこの番組の常連で
席は決まって最前列――……
もっ
どーしてあたしが2列目なのよ!?
申し訳ありません!!
なんで事前に確認しないの!?
こんなんだったら出なかったわよ!!
Pを呼んできなさい!!
すみません!!
ペコッ
ペコッ
僕以外の人が怒られてるの珍しい…

メーク室
あれからずっとピリピリしてる
そーだあの旅番組!!
よかったですよ～!
メークさんもご機嫌とるのに必死だ…
スタンバイお願いします
ぶすっ
ガタッ
白鳥君子
白鳥さん
今日はよろしくお願いします
くるっ
↑白鳥さんお気に入りの共演俳優
コロッ
がんばりましょうね♡
ええ!
笑顔になった!?
本番中
白鳥君子
白鳥さん2列目でも映ろうとがんばってる…
改めてキビシー世界だなぁ
CM中でーす
水です
おっつかれちゃーん♪
もしかして…
THE・業界人
あれがプロデューサー!?

あ！白鳥ちゃ～ん
白鳥ちゃん!!?
今日は2列目でごっめんねぇ～
この後のマラソンもよろしくね♡
やっほ～♪
元気ィ～?
なんだあいつ えらくなったもんだわ
あわわ
CMあけ
赤坂《あかさか》5丁目マラソンに参加する人は準備に入ってくださーい！
うわっ
ズラッ
ウエアもシューズも用意されてる！
シャワールームもあるんだ！
ウォータープルーフ
ぬりぬり
ぬりぬりっ
かきかき
え…? これから走るっていうのに
なんでみんな化粧直してるんだ??
TV映りのため…?

いよいよマラソンスタート
ワーーッ!!!
ダッ
白鳥さんは真《ま》ん中《なか》ぐらいか
トップに絡まないと映らないなぁ
途中でリタイアする人も多い中
白鳥さんは最後まで走りきった
白鳥君子
24
毎日走っているうえに最近はやせるために距離増やしてたからな
白鳥さんすごいや…!
ゼェゼェ
シャワーはいい
メーク!急いで直して
お疲れさまです
ズラララッ
ギョッ
せっせっ
ぬりりっ
汗かかないように走るの大変だったわよ
みんな大急ぎだ…
生放送だからこの間も番組はどんどん進むもんな
一刻も早く席に戻って1秒でも長くテレビに映る
それが仕事なんだ
ごくり…

大勢のタレントたち
ザワ
あの中で一番前に座るってことはすごいことなんだよな
パチパチパチ
2列目だって十分すごいのに
白鳥さんはトップじゃなきゃイヤなんだ
小森《こもり》ちゃーん今日調子いいじゃない
この調子でよろしくぅ
アハハハッ
←ADさん
あんなヤツに序列を決められるかと思うと
なんだかなぁ…
番組終了後は打ち上げ会場へ
ワイ
ワイ
すごい人数…
ワハハハハ
最高だったよ〜
ハァ…
…帰るわよ
はい!

ったくなんなのよあのP ちょっと前までペコペコしてきたくせに
ブツ
そうなんですか!
ブツブツ
そうよ!
ちょっと数字取るとえらくなっちゃってさ
ブツ
あいつの力じゃないっつーの
だいたい…
はい
しかも…
ですよね〜
はい
ブツ
白鳥さんが僕にグチるなんて珍しいなぁ
——そういえばあんたCM決まったから
はい そうですよね…
——ってCM!? なんですかそれ!!
すやぁ…
えっ 寝てる!?
スヤスヤ…
僕の運転で寝てくれたことなんて一度もなかったのに
やっと信用してくれたんだ
うれしいなぁ
くか
ていうかさっきのCMってなんだろう
気になる〜!!

22 業界あるあるです

スポーツ用品のCMに
僕が出ることになった
あいつ雪国出身でスキーもうまいみたいだし
だって
ぴったりでしょ
なんでも仲の良い制作会社のプロデューサーに
白鳥さんが僕を推薦してくれたらしい
CM…CM…
ドドン!
全国放送!!!
エへへへへへへ
デへっデへへへへ
あいつ…ずーっと笑顔で気持ち悪いんだけど
なんとかして…
よっぽどうれしいんですねぇ
ふふふ

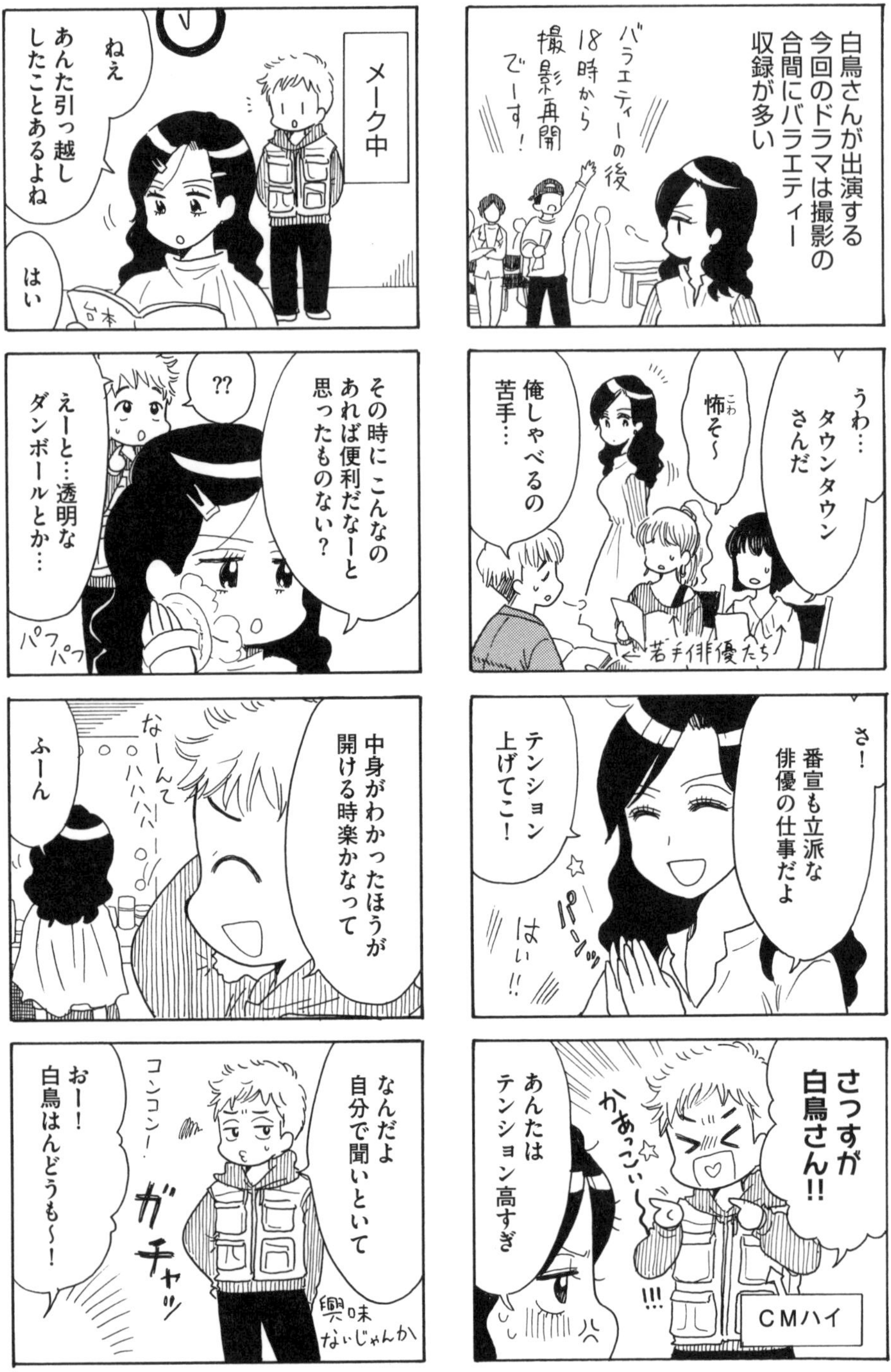
白鳥さんが出演する今回のドラマは撮影の合間にバラエティー収録が多い
バラエティーの後18時から撮影再開でーす!
うわ…タウンタウンさんだ
怖《こわ》そ~
俺しゃべるの苦手…
←若手俳優たち
さ! 番宣も立派な俳優の仕事だよ
テンション上げてこ!
パーンッ
はい!!
さっすが白鳥さん!!
かあっこいい~
あんたはテンション高すぎ
!!!
CMハイ
メーク中
ねえ あんた引っ越ししたことあるよね
はい
台本
その時にこんなのあれば便利だなーと思ったものない?
??
えーと…透明なダンボールとか…
パフパフ
中身がわかったほうが開ける時楽かなって
なーんて ハハハハー
ふーん
なんだよ自分で聞いといて
興味ないじゃんか
コンコン!
ガチャッ
おー! 白鳥はんどうも~!

タウンタウンの浜辺《はまべ》さんだ〜！
お久しぶりです！
うわー本物だー!!
大物芸人とも仲良く談笑してる…白鳥さんすごいなぁ
ペチャクチャ
アハハハ
ペチャクチャ
……
チクタク…
アッハッハッハ
え…収録時間すぎてるのにまだ話してる
チクタク
チラチラ
オロオロ
どどどーしよう!!
マネジャーさん！どうしましょう！
ああ
実は梅本《うめもと》さんがまだきてないんだよ
相方の
ええ!?
いつものことだから
遅刻魔でね〜
えっ！
そうなんですか!?
タウンタウン 梅本
浜辺さんはああして場をつないでくれてるんだ
あの…
でもこの後ドラマの現場もあるし
あんまり押すとまずいんじゃ…
大丈夫 その辺も織り込み済みのスケジュールだから
えええっ
業界あるあるだよ

バラエティー収録開始
次！
引っ越しの時こんなのあったらいいなーと思うグッズ！
はい！
透明なダンボールとかどう？
おっ白鳥はん
バッ
おおー!!
中身がわかったほうが開ける時楽じゃない？
白鳥はん今日もキレキレやな〜！
それ僕のアイデア!!
いいね〜
すごいウケてる…僕のアイデアはバラエティーでも通用するんだ!!
CMで売れたらバラエティーにも出るぞ!!
CMハイ
撮影終了後——
はい
失礼します…
プツッ
……
白鳥さん車回してきますね
おまえこの後時間ある？
え？はい
…イタリアン食いにいくぞ
え…
はい！
原宿《はらじゅく》の有名なイタリアン
うわ〜高級〜！
好きなもの頼みなさい
この後CMの制作Pもくるから
メニュー
はい…！
ドキドキ
きた…CMの打ち合わせだキンチョーする——！

白鳥さん
ああ お疲れさま
あの…
ほら まずは食べましょう
いただきます！
ぱくぱくっ
さすが高級イタリアン！
トローー
うま〜〜〜!!
ぱく
肉もパスタもおーいしい
ぱくっ
……
実は おまえじゃなくなったんだ
へ？
例のCM
僕田くんごめん!! 本当に申しわけない!!
ガバッ
え…？
この前クライアントとの最終打ち合わせがあって
僕らはキミに決めてたんだけど
当て馬としてほかの俳優のプロフィルも見せたんだ
そしたらクライアントの娘さんが
あんたじゃないほうの俳優を指差して「パパ こっちのほうがいいんじゃない？」——って

ツルのひと声ってやつね
それで最終的にそっちに…
悪かった
ぬか喜びさせちゃって
……
——ぼ
僕なら全然大丈夫です!
だから白鳥さんこんなお店に?
僕のためにうれしいなぁ
僕田くん…
ほら食べましょ
そっちのピザ食べていいですか?
ああ全部食べろ
やだなぁ白鳥さん
気ぃつかいすぎですよ
ガラにもない
もぐ…
……
…ホントだよ
なんであたしがこいつのために!
まったく
ハハハ…
まあまあ
——こうして
僕のCM出演の話は消えた

23 芸能界の(裏の)お遊び

白鳥さんが出ている
ドラマは佳境を迎え
今日は家族に別れを告げる
山場のシーンの撮影だ
げっそり…
結局白鳥さん役のために6kgもやせて…
ほほもコケて本当に死んじゃいそうに見える
ここはリハーサルなしの一発本番でいかせてください
監督
はい
はい!
こんな母親で…
うっ
ぐず…
ごめんねぇ…!
うわ…
すごい緊張感
よーい…
はい!
ごくり…
カチッ!!
白鳥ざん…!
だばぁっ
ヒッ
えぐえぐ
つられ泣き

今までありがとう…
いい人生だったわ…
ぐす…
カット!!
いったん止めます
??
白鳥さんメーク直します
え…
監督すみません何がNGなの？
ああ鼻水が出てましたので
!
泣いてるんだから鼻水ぐらい出るわよ！
そんなことでカメラ止めないでよ!!
すっすみません…
でも女優さんですし鼻水は…
あたしを誰だと思ってるの!? そのへんの女優と一緒にしないでくれる!?
シーーーン
ペコッ
す…すみませんでした…!
かっこいい…!
白鳥さんは単にキレイに映りたい女優とはちがうんだ
やっぱりすげぇや
ズビビッ
じ〜ん

地方なので撮影後はホテルへ――
はー
やっと
ゆっくり
でき――
……
プルルルッ
ぼすんっ
白鳥さんに呼び出された
まったく寝かせてくれよ…
僕田くん
あれ！
マネジャーさん？
うんざり…
こんばんは
え!?
誰!?
あ…たしか
助監督さん
どうも…
この3人とは一体…？
麻雀
やるわよ
え――!!?
何？
やったことないの？
いえルールは知ってますけど
僕お金ないからイヤですよ
いくらあるの？
700円です
僕田くん…
足りなかったら貸してあげる
でも…
勝てばいいのよ
勝てば
やるでしょ？
オラ座れ
ダメだ
逃げられない
はい…

※賭け麻雀は違法です。マネをしないようご注意ください。

パチ…
パチ…
ね…
眠い…
白鳥さんはギラギラしてるなぁ
ウト…
ウトウト…
…はっ!!
もう5時か
時々記憶が…
チュン
チュン
——って
いつのまにか勝ってる
700円が……7千円!!?
まけた…
まぁまぁね
ルンルン
結局一睡《いっすい》もしなかったけど7千円ゲット
でもこれは悪夢の始まりだった
ウキウキ
ゴロゴロ
白鳥さんは
何かにハマると他人にも強要するタイプで
今夜もやるわよ!
ええ…
いったんハマると毎日毎日狂ったようにそればっかり
主に僕が被害者
え…
また昼酸辣湯スープですか…
2週間毎日タピオカ…
ウプ…
それが今回は麻雀…
ギラギラランラン
これまでで一番タチが悪い
お金といい時間といい…

麻雀好きで有名な右《みぎ》こん平《ぺい》さんと現場が一緒になった
最近ハマってるんですよ
おお！じゃあ今夜やろうぜ！
今回はメンバーが足りているので僕は白鳥さんの後ろで見ることに
また朝までやるのかなぁ…
ていうか僕…いる⁇
帰ってよくない⁇
これって仕事⁉ やっぱりブラックだよ付き人の仕事
モヤモヤ…
…でもまぁ目の前で現ナマが飛びかってるのは
ああっまた負けたー!!
次はレート10倍！
ギョエ～!!
ちょっと楽しい
翌日――
マネジャー…ゲッソリしちゃって…
あのふたり容赦《ようしゃ》ない…もうすっからかんだよ…
ヨボヨボ
あぁぁ今日も右さんいるよー
バッ
あ！白鳥さん!!
僕は今日麻雀絶対やりませんから!! 次負けたら生活できませんよ!!
もし誘われても断ってください!!
まぁ大変よね わかった断るわ
頼みますよ～!!

収録終わり
白鳥！いくぞ！
キタ!!
はい！
いきましょう！
コロ
え――!?
白鳥さんすっかり忘れてる!?
あっ
マネジャー気の毒に…
今日はボウズも座れ
え！僕ですか!?
僕田くんも気の毒に…
フフフ…
負けた分は貸してあげるわよ
いやでもレートが…
ケタちがいで…
また10倍から始めるか
絶対負けられない！
結果――
僕と白鳥さんが負けた
チュン
チュン
とりあえずあんたの分もあたしが払っておくから
終わった…
僕の人生終わった…
借金
なんとか取り返した…
しかし
白鳥さんから請求されることはなかった
さては
からかわれたのかな…？
←今はバナナジュースにハマり中

24 気づけば2年目です

お疲れさまでしたー
キョロ キョロ
最近
僕たちは誰かにつけられている
それがマスコミなのかファンなのかは不明だが
僕田くん
いざって時は頼むね…!
責任重大だ
以前車の下から発信器が見つかった時
白鳥さんは震えていた
あのねぇ
そんなに警戒しなくても大丈夫よ
早くご飯いくわよ!
…でも…
…何もないといいんだけど
ブロロッ
……

おいしかった～！
たまには焼き魚定食もいいですね
じ……
……
目
ちょーだい
め？
え…
これですか？どうぞ
でもなー
栄養あるのよ知らないの？
本当ですかー？
あんたも1コぐらい食べなさいよ
いや――いいですよ～
じ――……
……
数日後――
今日は肉食いたい付き合って
はい！
うわ～！こんな高級肉の味覚えたら
僕やばいですよ
早く自分で食えるようになれ
ジュウウ
バカ！
こういうのは1枚ずつ焼くの！
はい！
たしか…ひっくり返すのは1回だけだったハズ
今だ!!
くるっ
……
うんうん
よーし大正解――!!

あーん
うめー!!
生きててよかったー!
ジュー
思う存分食え食え
あ…車内ニンニクくさくなっちゃいますね
前にありましたよね僕だけ食べて…
今日はふたりとも食べたし大丈夫よ
ジュウジュウ
じゃあ遠慮なく!
ぱくぱく
フフ…
白鳥さんのマンションへ—
それじゃあまた明日
お疲れー
高級焼き肉最高ー!
まだお腹いっぱい
今日は白鳥さんもずっとご機嫌でいい1日だったなー
キャーーーッ!!
ビクッ
え…
白鳥さん!!?

大丈夫ですか!?
バシッ
やあ…
キミはたしか白鳥さんの付き人だよね
あれ? 何かゴカイしちゃってる?
僕はね
仕事の話をしたくて——
ペラペラ
…そうなんですか?
…震えてる
白鳥さんが何もいい返さないなんて…
仕事の話でしたら
明日改めてアポをとって——
キッ
ごちゃごちゃうるせーんだよ!
付き人ふぜいが!!
ガッ
どけ!!
キャ…!!
ガッ
!!
白鳥さん!!
ドカッ
コノヤロ——!!

だれかーー!!
守衛さーん!!
110番!!
ちっ
待て
この…
ダッ
ズキッ
ちょっとあんた
大丈夫?
イテテ…
ヨロヨロ
…あの男は
とある制作会社のプロデューサーだった
白鳥さんとは昔一緒に旅番組をやったことがあり
その時もしつこくモーションをかけられていたらしい
最近男は会社をクビになり
行動もどんどんおかしくなっていったそうだ…
もう近づかないと思いますが念のため警戒は続けてください
はい…
僕田…
あんたがいてくれてよかったわ…

ありがとう僕田くん!!
かけつけたマネージャー
いやー 無事でよかったです
白鳥さん君のことすっかり頼ってるよね
なんだかんだ
もう2年だもんなぁ
…そうか
もう2年もたったのか…
付き人になってから
無我夢中すぎてあまり意識していなかったけど
僕はこの2年で
俳優の仕事何本やった…?
いいのか
これで
付き人としてすっかりなじんだままで
スヤスヤ
……
──その日
僕の心はずっとざわついていた

25 卒業のタイミング

おい
おまえパスポートもってる?
パスポート?
ハワイに連れてってやる
ないですね
今すぐ取りにいってこい
はい!?
今すぐ?!
はっ…
はわいいいい!!?
そうしてやってきました
憧れの…ハワイ!!!
アロハー
アロハー
ほっ 本当にきちゃった…
ぼーぜん……
アロハー

いくぞ
いくぞー！
はい！
ゴロゴロ
今回の旅行は白鳥さんの家族サービスだ
両親
妹さん親子
珍しく1週間もオフが取れて全員分の旅費を出してくれた
そんな大事な旅行に呼んでくれるなんて…
じーんん…
人生初海外…
それに――
もしかしたら
これは白鳥さんとの最後の思い出になるかもしれないのだ
1週間前 事務所にて――
僕田くんお待たせ
どうも…
今日はなんで呼び出されたんだろう
キミ
そろそろ卒業するか
え…？
付き人だよ
白鳥さんがもういいんじゃないかって
それってつまり…
クビってこと!?

いやいやクビじゃないよ
珍しく長持ちしてるし
白鳥さんもホンネじゃ手放したくないのかもなぁ
じゃあどうして…
この前ストーカーから守ってケガしただろ
それでキミの人生つぶしちゃいけないって思ったんじゃないかな
正直どうなんだ?
俳優として独り立ちする自信は出てきたか?
独り立ち…
——はっきりとした答えは出せなかった
ハワイへ出発前
今回は僕田くんへの感謝旅行だね
最後の思い出作っておいで
はい!
よし! 楽しい思い出作って
がんばって独り立ちするぞー!!
ねぇピニャコラーダ買ってきて
えっ はい
子供たち見ててー
ピニャ…
ピコラ…??
レストランとショーの席予約しといて
はいっ
はいぃ
家族6人分の世話も!?
日本にいるより大変なんですけど!?

ぼくだー！
ボールとってー！
はぃはぃまっててー
あの…ありがとうございます
白鳥さんの妹さん
ボール投げるよー
いえいえお子さんたち元気でかわいいですね
いえ…姉のこと本当にいつもありがとうございます
え!?
あの
えっと…
姉はあなたのことをとても“かって”いて
「あいつは売れる私が一人前に育てる」っていってました
え…？
こうやって姉が羽を伸ばせるのもあなたのおかげです
最後までよろしくお願いします
ペコッ
こちらこそ！
白鳥さん…
そんな話1回も…1ミリもしてくれないのに
そんなふうに思っててくれたんだ
う…
うれしい〜〜〜!!!
うる
よし！帰ったら期待どおり売れてやる！
白鳥さんが自慢できる俳優になってやるんだ!!

おい!!
ちょっと!!
ビクッ
はい!
なんでしょう!?
タタタッ
このメールに台本届いてるからホテルでプリントアウトしてもってきて!
え!?
台本?
ここで?
いいから早く!!
はっはい!!
ダッ
お待たせしました
ゼーゼーッ
貸せ!!
バッ
ブツブツブツ…
新しい仕事かな…
……私
やるわ
へ?

どんな役なんですか？
大阪弁《おおさかべん》バリバリのオカン
オカン?!
白鳥さんのイメージとはちょっとちがう気も…
だからやるのよ！
ガタッ
私の運命の役かもしれない
さっさと帰って役作りするわよ
マネジャーにこの監督の作品全部集めるよう伝えて！帰ったらすぐ見るから
あんたは帰ったらスタジオ押さえて役作りに必要な――
あっあの
僕…付き人卒業なんじゃ
フン！
卒業なんていつでもできるでしょ
こっちのほうが大事！いくわよ！
――っ
はいっ!!
あっ白鳥さん！帽子忘れてます
待ってください～！
僕田友 俳優兼付き人 独り立ちはまだ先になりそうです

僕田友×西つるみSP対談

もっと聞きます！ 芸能界の裏話

西：付き人をしていて、一番のメリットってなんでした？

僕田：やっぱり、バーターとしてドラマや映画に出演できたことですね。

西：バーターの存在って、制作側的にはいいことなんでしょうか？

僕田：脚本家さんにとっては、あまりうれしくないんじゃないかな。バーターなのにもっと目立たせろと事務所から要望が入ったり、バーター用の役を付け足しさせられることもあるようなので。

西：それって、断れないんですか？

僕田：断れる時と、断れない時があるようです。基本的にはバーターが入ることを前提で主演の俳優にオファーをするので、よほどこの俳優を主演で使いたいっていう時以外は、押しが強すぎる事務所には自然とオファーをしなくなるようです。

西：バーターで入れたけど、結果よかった、ということもありますよね？

僕田：もちろんあると思います。それに、スケジュール管理は楽ですよね。ひとりのマネジャーが全部把握してくれるので。ほかにも付き人のメリットとしては、一線で活躍している人たちのことを、間近で見られたことですね。カメラが回っているところと、そうでないところでどう変わるのかとか、舞台裏でどんな会話をしているのかとか、それを見られるのは勉強になると、よく白鳥さんからいわれました。

西：たしかに、それは貴重ですね。何か印象に残っていることってありますか？

僕田：W・Aさんは、休けい中にドカッとイスに座って、よく芸人さんに「おい、おまえ何かネタやってみろ！」ってムチャぶりをしていましたね。

西：想像できすぎる（笑）。付き人ってやっぱり、コミュ力は高いほうがいいんですか？

僕田：いいと思いますけど、でも、基本的に身内といる時以外はしゃべるなといわれていました。

西：身内とは……？

僕田：白鳥さん、スタイリストさん、メークさん、マネジャーさんですかね。

西：そういう、「付き人の決まりごと」みたいなことってほかにもありました？

たとえば、恋愛禁止とか……。

僕田：恋愛に関しては、経験になるからどんどんしろ、という感じでしたね。実際、そんな時間はありませんでしたけど。あとは、遅刻を3回したらクビ、車を3回ぶつけたらクビっていわれていて、全部リーチでした（笑）。

西：白鳥さんのプライベートに関わることってあったんですか？

僕田：子供さんの誕生日パーティーには何度か呼ばれましたね。家にいくとアンパンマンの衣装が置いてあって、「ちょっとこれ着て、アンパンマンのマネやってくれない？」って（笑）。

西：着ぐるみですか!?

僕田：そうそう。だけどサイズがまったくあわなくて。ズボンの丈が短くて、はみ出している僕の脚を見た子供さんが「アンパンマンって脚に毛が生えてるの？」って……。ドラえもんにもなったことがあったなぁ。

西：それは大変でしたね（笑）。付き人中、一番やらかしてしまったミスはなんですか？

僕田：白鳥さんの、あるドラマ撮影初日の前日に、居酒屋でニンニクのホイル焼きを食べたことがあって。次の日、白鳥さんを迎えにいって、白鳥さんが車に乗った瞬間に「おまえ、ニンニク食べた!?」って聞かれて、「食べました」といったら「ふざけんな!! ニンニクを食べるのは、私も食べる時だけにしろ!!」って怒られて。わけもわからず、そこから窓を全開にして横浜方面へ走ったんですけど、途中で道を間違えてしまって、また「ふざけんな!!」って怒られて。「私は今日、ドラマの初日で朝から雰囲気を作っているのに、なんでぶち壊すのよ!!」って。

西：そのエピソード、漫画でも描きましたね。実際はそこに、ニンニクのエピソードもあったんですね（笑）。

僕田：その日、ドラマ撮影のあと浅草でバラエティーの収録もあって、そこにいくまでの道を「絶対に間違えるな」っていわれて、ちゃんと確認してから向かったんですけど、やっぱり間違えてしまって……。それからしばらく、白鳥さんはクチをきいてくれませんでした。

西：最悪な1日でしたね……。漫画でもいくつか描かせていただきましたが、ほかの付き人さんで、何か印象的なエピソードってありますか？

僕田：M・Tさんの付き人をやっていた人が、夜な夜な飲みにいって、そこで女の子を「俺はM・Tの元付き人だ」っていって口説くそうなんですよ。そこになんの価値があるんだって思うんですけど……。

西：でも、あわよくば俳優本人と会えるかも!? って、ついていっちゃう人もいるのかもしれませんね……。

僕田：あとは僕と同じ養成所出身で、同時期に付き人をはじめて、いまだにやっている人がいますよ。

西：え!? 長すぎません!?

僕田：ついている俳優さんのバーターとして、今ではいろんな作品に出ていますよ。付き人をしている間は食事に困ることはないし、きっと住まいも用意してもらってるんじゃないかな。
西：そうか。付き人を続けて、バーターでもいいから安定して俳優の仕事をもらうっていう手もあるのか……。
僕田：仕事の広がりはないですけどね。かなりまれなケースですね。
西：漫画の中の安原健さんのように、愛人や恋人を付き人にするケースって、けっこうあるんですか？
僕田：なくはない……と思いますけど、付き人より、マネジャーがそうなるケースのほうが多いと思いますね。
西：仕事にめちゃくちゃ影響しそう（笑）。そういえばドラマや映画の打ち上げって、いまだに漫画で描いたような感じなんですか？
僕田：そうですね。主演クラスの出演者や脚本家、広告代理店などが、景品を用意します。
西：スタッフさんは……？
僕田：出さないです。打ち上げはスタッフのためのお疲れ会なので。
西：人気のある景品ってなんですか？
僕田：旅行券とか、金券ですね。換金できるので。あとは現金とか。
西：現実的～（笑）。その流れで聞いてしまいますが、映像業界の給料って、どんな感じなんですか？
僕田：やっぱり、キー局（日本テレビ、TBSテレビ、フジテレビ、テレビ朝日、テレビ東京）の社員は給料がめちゃくちゃいいみたいです。逆に外部の制作会社は半額くらい安いんじゃないかな。
西：じゃあやっぱり、業界的にはキー局に就職するのがいいんですね？　とはいえ、狭き門なんでしょうけど……。
僕田：そうですね。待遇がまったく違うし、一気に上にあがれるので。外部の制作会社の人が、自分より年下で新人だったキー局の人に、気づいたらアゴで使われているっていう逆転現象がよく見られる世界です。だから付き人時代に、「キー局のADや助監督と仲良くしておけ」って、よく白鳥さんにいわれました。「彼らはいつか、ディレクターやプロデューサー、監督になるから」って。
西：やっぱりそうなんだ……。
僕田：キー局の人は、半年間かけてひとつのドラマを撮ったら、次の半年間はお休み、要は次の作品を撮るための準備期間になるわけです。インプットという意味で見る舞台やイベントは全部招待ですし、打ち合わせをすれば経費で落とせますし。でも、外部の制作会社はくる仕事を順々にこなしていかなくてはいけないので、休んでいるヒマはないです。
西：同じ仕事でも、キー局と外部の制作会社では、天と地の差なんですね……。僕田さんは結局、いつ付き人を卒業したんですか？
僕田：25歳の時です。3年半くらい付き人をやっていました。卒業をする時に、白鳥さんから「私の付き人を3年半もやったんだから、事務所はおまえをイチオシで、全力で売り出してくれるはずだ。このあとはいっぱい仕事の依頼がくるぞ」といわれたんです。だから当然、期待するじゃないですか。でも、実際はちょっとした再現ドラマの仕事くらいしかこなくて。事務所に呼ばれもしないいし。

西：ええ!? どういうことですか?

僕田：結局、事務所にはそういうつもりがなかったんです。でも付き人を卒業した以上、仕事はほしいいし、オーディションにも出たいし。白鳥さんから「とりあえず毎週事務所に顔を出しにいけ。台本がずらっと並べてあるから、それを読んで勉強をしたり、情報収集をしろ」ってアドバイスをもらったので、そのとおりに事務所にいって、台本を読んで勉強をしているふりをして、「今度のドラマが〜」「あの映画が〜」と聞こえてくる話に耳を傾けていたんですよ。いろんなマネジャーの人に積極的に声をかけて、顔を覚えてもらったり。でも、待てど暮らせどほとんど仕事なんか入ってこなくて。それでまた白鳥さんに相談をしたら、「事務所に自分を売る気があるのか聞いてみたらどうだ」っていわれて、それをまた真に受けてマネジャーさんに聞いたら、カチンときたらしく「そんなことをいうなら、社長と直接話をしたら? 自分にはどうにもできないから」ってキレられてしまって。

西：イヤな予感……。

僕田：数日後、今度は社長に話をしにいったんです。

西：いったんですか!?

僕田：そしたら「じゃあ、うちをそろそろ卒業したらどうだ」っていわれて、事務所を辞めることになりました。

西：ええ!? じゃあ、ほぼ付き人だけして終わったってことですね……?

僕田：白鳥さんレベルの人がいうならまだしも、たいした経験もないようなド新人に「僕を売る気があるのか!?」っていわれたら、それはカチンときますよね(笑)。

西：とはいえ、なかなかヒドイ事務所ですね。

僕田：僕がその事務所に入ったのは、あるベテラン俳優さんから「芸能の仕事に興味があるなら、うちの事務所の養成所に入れよ。俺の紹介ってことで、月謝もいらないから」っていわれたのがきっかけで。高校卒業後に上京して養成所に入り、1年通ったあとに付き人をやって、そのあと辞めるまでの間に細々と再現ドラマの仕事などをやったりはしたんですけど、ちょっとした仕事でも、ギャラは入ると思うじゃないですか。

西：え、またイヤな予感……。

僕田：でも、いっこうにもらえる気配がなかったから、「あの仕事のギャラってどうなってますか?」って聞いてみたんです。そしたら、「養成所の月謝を払っていなかったから、その補てんになってるよ」って……。

西：ええ!?

僕田：「月謝はいらないっていわれてたんですけど」っていっても「そんなの聞いてない。2万円×12カ月分と、卒業公演のチケット代の未払い分を払ってもらう」っていわれて、卒業公演の時のチケットがノルマ制だったこともその時知って……。

西：でもそれって、月謝をもらう気があるなら、もっと早く「払え」っていってきますよね？　いってこなかったってことは、やっぱりもともらう気はなかったんじゃ……？　うわ～闇の話すぎる……！

僕田：ちょっと大きな舞台の仕事が入った時に、ほかの出演者の人から「初日に半額、千秋楽に半額ギャラが入るらしい」という話を聞いて、その時もしつこく経理の人に「入りましたか？　まだですか？」って聞いていたら、根負けしたのかそれは払ってくれました。ちゃんともらえたギャラは、そのくらいです。

西：よかった～。

僕田：仕事をしてもギャラをもらえない当時の僕クラスの俳優は、たくさんいると思います。僕みたいに経理に問い詰める人はほとんどいないと思うので（笑）。

西：付き人を辞めてから、白鳥さんと会う機会はありましたか？

僕田：何回かありました。現場をご一緒したことはないですけど。お互いが知り合いの女優さんのイベント会場で会ったり、僕が出演した舞台を見にきてくれたり。

西：現在、ほかの事務所に所属して俳優として活躍されていて、改めて「白鳥さんはすごかったな」と思うことはありますか？

僕田：漫画でも描いていただきましたが、女優さんによっては、キレイに映ることを最優先されるかたもいらっしゃるんですけど、白鳥さんは役や作品を最優先されるかたなので、泣くシーンでは鼻水を平気で出すんです。すごいですよね。

西：たしかに、女優さんによっては、おばあちゃんの役なのにシワも白髪もないとか、寝起きのシーンなのにバッチリメークしてるとか、不自然な状態で演じている人もいますよね。そういうのって、監督やスタッフは何もいわないんですか？

僕田：いえない場合が多いんだと思います。O・Yさんとかまさにそうで、「それ、いいセリフだから俺にいわせろ」って敵役のセリフを取ったというエピソードを聞いたことがあります。そのせいで台本から直すことになって、大変だったみたいですよ。

西：O・Yさん、そういうこといいそう（笑）。では最後に、付き人の仕事はやってよかったですか？

僕田：よかったと思います。なぜなら、今回こうして、漫画にしてもらえたので。そのことによって、あの日々を消化できた気がするというか、やっと笑えるようになりました。

西：たしかに、漫画だからおもしろおかしく描いていますけど、実際は過酷な日々でしたよね……。

僕田：こんな話、誰かに楽しんでもらえるとも思っていなかったので。あの日々は無駄じゃなかったんだと思えます。ここまできたら、もう、映像化まで目指したいですね！

西：映像化！　目指したいですね！　毎回衝撃的なお話を聞けて、私も本当に楽しく描かせていただきました。ありがとうございました！

2021年8月　リモートにて対談

あとがき

まさか自分の経験が作品になるとは！　しかも女優さんの付き人を務めていた時の経験が、漫画に！　なんということでしょうか……まるで想像もしていませんでした。こんなことならもっと面白いエピソードをたくさん作っておけばよかったです。

連載が終わり、単行本にしてもらえるという今のタイミングで当時を振り返ってみても、付き人時代の3年半という期間は長いようで短かったような気もしますが、やっぱり長かったです。任期満了で付き人卒業が見えた時には、指折り数えてカウントダウンしたものです。

あの3年半で他ではできない多くの貴重な経験をさせてもらいました。もう経験したくないこともたくさんありました（笑）。当時の辛かったことや苦しかったこと、様々な思いなどを、こうして漫画にしていただいたおかげで、ようやく消化（笑化）できました。今は清々しい気分です。

僕の経験に興味を持っていただき、形にしてくださった漫画家の西つるみ先生と編集のM田さんには心から感謝しております。楽しい作品にしていただいて、本当にありがとうございました。

次はどんな楽しいことができるのか楽しみです。

2021年9月　僕田友

あとがき

「大物女優の付き人は、ほぼ奴隷の日々でした。」
お読みいただきありがとうございました!!
旧・付き人ぶる〜す
西つるみです
初めての原作あり4コマ仕事でも——〜〜めちゃくちゃ勉強になりました!!
??
ネーム遅くてすみません僕田さん担当M田さん…
ここがオチ…いやこっちか??
僕ちゃんはかわいいキャラで描きましたが
原作者の僕田友さんはダンディーでかっこいいのです!!
対談できないエピソードがマンガに描けないレベルの話満載でした…
アハハ
ヒェー!! 芸能界スゲーッ!!
M田
西
その後の僕田くん
私の元で3年半も付き人やったんだ
仕事増やされるから覚悟しとけよ!
はい…!!
がんばります!!
事務所
チラ チラ
……
家
……
え…
全然仕事入ってこない…
キビシイですね芸能界〜!!
この後も色々あるだろうけど俳優続けます〜
ガンバ!!
バシバシ
感謝!!
原作 僕田友さん
担当 M田さん
デザイン チコルズ 山田さん
みなさまありがとうございました〜!!

初出一覧
『本当にあった笑える話Pinky』
2019年7～12月号
2020年1～12月号
2021年1～5、7～8月号
※本書は上記作品に加筆修正を加え、構成したものです。

大物女優の付き人は、ほぼ奴隷の日々でした。

2021年9月20日初版第一刷発行

原作 僕田友《ぼくだとも》
漫画 西《にし》つるみ
発行人 今 晴美
発行所 株式会社ぶんか社
〒102-8405 東京都千代田区一番町29-6
TEL 03-3222-5125(編集部)
TEL 03-3222-5115(出版営業部)
www.bunkasha.co.jp
装丁 山田知子(chichols)
印刷所 大日本印刷株式会社

ISBN978-4-8211-4605-5